Gerd Wolff

90 Jahre Brohltal-Eisenbahn
Ein geschichtlicher Rückblick

Überarbeitet und neu gestaltet von Stephan Pauly

EK-Verlag
Freiburg

Titelbild:

Am 13.Oktober 1990 weilte die Dampflokomotive V der Brohltaleisenbahn anläßlich einer Lastprobefahrt im Burgbrohler Bahnhof. (Photo: A. Wildemann)

Rücktitel:

Jungfernfahrt der BEG-Lok V; nach einer Hauptuntersuchung hat das aus Polen stammende Dampfroß im Brohltal eine neue Heimat gefunden.. (Photo: A. Wildemann)

Bildautoren:

Brohltaleisenbahnarchiv: 5 o, 11, 13, 15 u, 19, 21 o, 27, 33 u, 43 o
Arbeitskreis Archiv der I.B.S.: 15 m
EK-Archiv – Maey und Bellingrodt: 20 o, 32, 35, 37 u, 42
Franz Konrad von der Berswordt: 28 o, 36
Dieter Höltge: 20 u, 41
KRAUSS-MAFFEI-Werkphoto: 7, 33 o, 37 o
Bernhard Melles: 43 u
Stephan Pauly: 15 o, 21 u
Dieter Riehemann: 5 u, 9 u, 17, 28 u, 39
Volkhard Stern: 44
Andreas Wildemann: 48
Gerd Wolff: 9 o
(Es sind die jeweiligen Seitenzahlen angegeben; u=unten, m = Mitte, o=oben)

Inhalt

ISBN 3-88255-530-0

Interessengemeinschaft Brohltal-Schmalspureisenbahn e.V.
Postfach 1231 • 5485 Sinzig/Rhein • Arbeitskreis Archiv
Redaktion: Stephan Pauly
In Zusammenarbeit mit
EK-VERLAG • PF 5560 • FREIBURG
© 1991 • Printed in Germany

Vorwort zur zweiten Auflage

1991 wird am 15. und 16. Juni in Brohl und im Brohltal eine Jubiläumsfeier stattfinden, zu der es beinahe nicht mehr gekommen wäre. 90 Jahre wird die Bahnlinie alt, die von Brohl im Rheintal auf die meist stürmischen Höhen von Engeln in der Eifel führt. Genauer betrachtet hätten die Jubiläumsfeierlichkeiten schon im Januar dieses Jahres durchgeführt werden können, denn der erste öffentliche Personenzug verkehrte am 14. Januar 1901 zwischen Brohl und Engeln.

Nicht viel weniger stürmisch und bewegt als das Eifelhochplateau von Engeln ließt sich die jüngere Geschichte der Brohltaleisenbahn. Noch vor drei Jahren war die Zukunft einer der schönsten Eifelbahnen mehr als unsicher. Der letzte Kunde, der seine Güter (Gesteinsmehl) von Brenk nach Brohl über den Schienenweg verfrachten ließ, wollte 1988 seine Bahntransporte einstellen und das Phonolith nur noch mittels Lastkraftwagen abfahren.

Allein zähes und geschicktes Verhandeln durch die damalige Geschäftsleitung verhinderte eine vollständige Stillegung der Bahnlinie. Den Erhalt dieser landschaftlich so reizvollen wie abwechslungsreichen Strecke sicherten nicht zuletzt aber auch die engagiert und energisch auftretenden Eisenbahnfreunde der bereits 1987 gegründeten INTERESSENGEMEINSCHAFT BROHLTAL-SCHMALSPUREISENBAHN. Dieser Verein hat mit seinen zahlreichen Mitgliedern dazu beigetragen, daß in den vergangenen drei Jahren, für die das wirtschaftliche Standbein Güterverkehr noch einmal gesichert werden konnte, die Brohltaleisenbahn im Bereich des Ausflugs- und Touristikverkehrs stabilisiert und etabliert werden konnte.

Der "Vulkan-Expreß" ist eine heute aus dem Brohltal nicht mehr wegzudenkende touristische Einrichtung. Zwar hatte die Brohltaleisenbahngesellschaft bereits 1977 mit einem fahrplanmäßigen Schienenausflugsverkehr begonnen, dessen Ausmaße neben den Aktivitäten von IBS und BEG heute jedoch geradezu bescheiden wirken. Tausende unbezahlte Arbeitsstunden wenden die Aktiven der IBS Jahr für Jahr auf, um in Zusammenarbeit mit der BEG und den politischen Gremien den Erhalt dieses in Rheinland-Pfalz einmaligen Freizeitangebotes weiterhin zu sichern und auszubauen. Lohn dieser Mühen sind die zahlreichen zufriedenen Reisenden, die seit 1987 in den Genuß der herrlichen, vom Vulkanismus geprägten Eifellandschaft gekommen sind. Allein 1990 fuhren beinahe 44.000 Gäste mit der Brohltalbahn.

Als 1988 die erste Auflage dieser Broschüre von Gerd Wolff, Volkhard Stern und Wolfgang Schumacher erstellt wurde, ahnte wohl niemand, daß es bereits in der Saison 1991 einen regelmäßigen Dampfzugverkehr geben würde!

Dieser Jubiläumsausgabe "90-Jahre Brohltaleisenbahn" sind zahlreiche historische Bilder beigefügt, um das "Wiegenfest" der Brohltalbahn genügend zu würdigen.

Inhaltliche Grundlage der zweiten Auflage ist wieder der bereits 1988 von Kleinbahnspezialist Gerd Wolff freundlicherweise zur Verfügung gestellte Textauszug aus seinem im Eisenbahn-Kurier-Verlag erschienenen Buch "Deutsche Klein- und Privatbahnen, Band 1".

Aktuelle Forschungen im Archiv der Brohltaleisenbahn- gesellschaft haben zu neuen interessanten Erkenntnissen geführt. Wo es möglich war, sind diese von mir in den Text von Gerd Wolff eingeflochten worden, ohne jedoch den ursprünglichen Sinn und die Aussage zu verändern.

An dieser Stelle danke ich auch Herrn Franz Konrad von der Berswordt, der die Ergebnisse seiner unermüdlichen Arbeit in den laufenden Text, vor allem aber in die "Tabellarische Auflistung der Fahrzeuge", einfließen ließ.

Herrn Andreas Wildemann sei gedankt für die Bereitstellung zahlreicher "brandaktueller" Photos und Herrn Wolfgang Schumacher vom Eisenbahn-Kurier für die prompte und schnelle Herstellung dieser Informationsschrift, deren erste Auflage nach drei Jahren vollständig vergriffen war.

Sinzig, im Frühjahr 1991
IBS-Arbeitskreis Archiv, Stephan Pauly

Die Geschichte der Brohltalbahn 1901 - 1988

Brohl – Kempenich, Anschlußgleis zum Rheinhafen Brohl

Spurweite: 1000 mm, Brohl Güterbahnhof – Rheinhafen dreischienig 1000 und 1435 mm
Streckenlänge: 23,83 km (1928), 18,1 km (1985)
Gleislänge: 36,64 km (1928), 24,7 km (1985)
1,5 km dreischienig Anschluß zum Rheinhafen

Eigener Bahnkörper, Brohl – Rheinhafen ursprünglich auf der Straße, 1959 Trassenverlegung auf eigenen Bahnkörper

Betriebseröffnung: Brohl – Engeln 14.1.1901, – Weibern 1.5.1901, – Kempenich 7.1.1902,

Oberzissen – Engeln bis 1934 Zahnstange System Abt

Stillegung: Personenverkehr Oberzissen – Kempenich 1931, 1938 wieder aufgenom- men, endgültig 1.10.1960, Brohl – Oberzissen 1.9.1961, Güterverkehr Engeln – Kempenich 1.10.1974, Abbau der Gleise 1975/76, 1978 Aufgabe des Rollwagenbetriebes

Eigentümer: Brohltal-Eisenbahn-AG, alleinige Gesellschafterin war bis 1921 die Westdeutsche Eisenbahn-Gesellschaft, 1921 verkaufte die WEG alle Aktien an die Kreise Ahrweiler, Mayen und Adenau (insges. 55% des Aktienkapitals) sowie an einige anliegende Industriebetriebe, seit 1954 GmbH, Kreise Ahrweiler und Mayen-Koblenz (72%), Kali Chemie (16%), Fa. Rhodius (6%), Rest Private
1991: Kreis Ahrweiler (61%), Verbandsgemeinde Niederzissen (19,7%), Solvay Alkali Chemie (16,6%), Private (2,7%)

Betriebsführung: Westdeutsche Eisenbahn-Gesellschaft, seit 1921 eigene Betriebsführung. Die DEG stellt seit 1.8.1977 (mit einer mehrjährigen Unterbrechung) den obersten Betriebsleiter (oBl).

Ausstattung

Lokschuppen und Werkstatt in Brohl Bw, Mitte der 70er Jahre erweitert und modernisiert, Lokschuppen in Brohl Güterbahnhof und urspr. auch in Kempenich (Ende der 30er Jahre entfernt).

km 0,0 Brohl Personenbhf, östlich und oberhalb des Staatsbahnhofs, 5 lange Aufstell- und Umsetzgleise, Gleiswaage (entfernt), kurzer Bahnsteig, Wasserkran an der Zufahrt zum Bw (entfernt), kleines Dienst- und Wartegebäude mit einem Hebelstellwerk für die Einfahr- und Umsetzweichen und für das zweiflügelige Einfahrtsignal aus Richtung Kempenich (entfernt),
Betriebswerk, viergleisiger Fahrzeugschuppen mit angebauter Werkstatt, eingleisiger langer Wagenschuppen, mehrere Abstellgleise, wenig zurückgelegen zwischen den Ausfahrten nach Kempenich und zum Güterbhf.
Brohl Güterbhf westlich und unterhalb des DB-Bahnhofs, regelspuriges Zuführungsgleis, umfangreiche Gleisanlagen, urspr. 9 Gleise nebeneinander, z.T. dreischienig, Umladekran (entfernt), Waage, Rollwagengrube, Schüttrampe für die Umladung Sm-/Regelspurwagen, Wasserkran, Kopframpe, fünfgleisiger Lokschuppen, Zufahrtgleis zum Rheinhafen, das über eine doppelte Sägefahrt erreicht wird.
Die Gleisanlagen sind Ende der 70er Jahre auf das notwendige Maß zurückgebaut worden, Aufgabe der Rollwagengrube, des Lokschuppens (heute Lkw-Halle), des oberen Sturzgleises und einiger Abstellgleise.

Die Brohltalbahn damals und heute: Oben ist einer der ersten Züge im Jahre 1902 in Kempenich zu sehen. Die heute sehr alter-
tümlich wirkenden Wagen werden von einer Zahnrad-Dampflok gezogen, die die Maschinenfabrik Esslingen geliefert hatte.
Heute ist die Brohltalbahn eine aufstrebende Ausflugsbahn, die wegen ihrer einmaligen Streckenführung immer mehr Fahrgäste anzieht. Der "Vulkan-Expreß", den wir auf dem Bild unten beim Passieren des Viaduktes in der Nähe von Tönisstein
sehen, wird in den nächsten Jahren mit deutlich vergrößertem Fahrzeugpark zur großen Attraktion des Brohltals ausgebaut!

Zufahrt zum Hafen dreischienig,
Rheinhafen: für den Umschlag Bahn/Schiff hochgelegenes Gleis mit anschließender Sturzbunkerbrücke, 3 tiefliegende Gleise, 2 fahrbare Portalkrane mit Auslegern für Greiferbetrieb, 2 Bandanlagen für die Beladung der Schiffe, Sturzplatz für Lkw-Entladung, kleines Dienstgebäude.

km 2,9   Schweppenburg, 70 m langes Ladegleis mit Sturzrampe für den Umschlag Lkw/Bahn (entfernt)

km 3,2   Schweppenburg Hp, Bahnsteig und kleines Unterstellhäuschen aus Bruchsteinmauerwerk

km 4,2   Tönisstein Hp, Bahnsteig, kleine Wellblechbude

km 5,0   Tönisstein Agl. Fa. Rhodius (entfernt)

km 5,5   Burgbrohl, Kreuzungs- und Ladegleis, großes schönes Bahnhofsgebäude mit hübschem Treppenturm und angebautem Güterschuppen, heute Bahnhofsgaststätte und Wohnhaus, Güterschuppen mit Ladegleis der Lebensmittelgroßhandlung Henft, Agl. Fa. Agefko mit Gleiswaage (entfernt)

km 7,38   Weiler, Kreuzungs- und Ladegleis, Bahnsteig, kleines Bahnhofsgebäude mit Güterschuppen (entfernt), 2 Agl. Brohltal AG, hochgelegenes Umladegleis BTB/Werkbahn Brohltal AG,
           1970 Entfernung sämtlicher Neben- und Agl. bis auf das Kreuzungsgleis, über dem ein Hochsilo der Fa. Romey für die Lavaverladung aufgestellt worden ist (entfernt)

km 10,2   Niederzissen, Kreuzungsgleis, schönes großes Bahnhofsgebäude, EG Bruch-stein, OG Fachwerk, heute bewohnt, Lade- und Ausziehgleis (entfernt)

km 11,96   Oberzissen, Kreuzungs- und Ladegleis, kleines eingeschossiges Bahnhofsgebäude, heute bewohnt, Wasserkran (entfernt)

km 12,5   Agl. Steinverladung Fa. Rauen, später H. Jüssen (entfernt)

km 15,8   Brenk, Bahnsteig, Wellblechbude, gemauerter Wasserbehälter mit Auslaufrohr, Anschluß Kali Chemie, 2 Gleise für die Beladung unter dem Silo, 1 Umsetz- und 1 Ausziehgleis, Gleiswaage und Spillanlage (entfernt); Gleisanlagen Mitte der 70er Jahre vereinfacht.

km 17,51   Engeln, Kreuzungsgleis mit Ladestraße, Bahnsteig, Wellblechbude (entfernt)
km 19   Weibern Güterbhf ca. 1 km vor Weibern Pbf, Bahnsteig, Rampe für die Steinverladung, Lade- und Umsetzgleis

km 20,28   Weibern Personenbhf, Bahnsteig, kleines massives Dienst- und Wartegebäude, verkauft an die Gemeinde, heute Gerätehaus

km 23,83   Kempenich, Umsetzgleis, Ladegleis mit Laderampe und Drehkran, Rampe für die Steinverladung (Anfang der 30er Jahre aufgegeben), Abstellgleis, Grubengleis mit Wasserkran, hier früher Lokschuppen, großes Bahnhofsgebäude gleich dem von Niederzissen, heute bewohnt, im UG Dienstraum für die KOM-Fahrer

Zwei fotografische Kostbarkeiten stellen die Bilder auf dieser Seite dar: Sie zeigen die eben erst abgelieferte Lok I im Jahre 1930 vor den Privatwagen des Rauener Steinbruchs auf dem Oberzissener Viadukt (oben) und im Personenbahnhof Brohl (unten). Der Herr im weißen Mantel ist übrigens der BEG-Ingenieur Schneider.

Bauliche Besonderheiten:

Fachwerkbrücken über die Brohl bei Schweppenburg und über die DB-Strecke und nebenliegende Straße in Brohl, 2 Trägerbrücken über die Brohl zwischen Schweppenburg und Brohl und für das Agl. Traßladestelle,
großer Talviadukt bei Tönisstein mit anschließender hoher Stützmauer talseits und einem 94 m langen Tunnel bergseits,
dreibogiger Viadukt über die Straße nach Kempenich Ausfahrt Oberzissen

Oberzissen – Engeln Steilstrecke 1 : 20, bis 1934 Zahnstange

Anzahl der Blinklichtanlagen: 8

Geschichtliche Entwicklung und Bedeutung

Die wirtschaftliche Bedeutung des Brohltals liegt schon seit der Römerzeit in den Heilwasser-, Stein- und Erdenvorkommen, Vasen- und Münzfunde zeugen vom Abbau und der Nutzung dieser Boden-schätze.

Im unteren Teil des Brohltals kommt Traß und Ton vor, aus den natürlichen Quellen bei Brohl, Schweppenburg, Tönnisstein und Burgbrohl wird flüssige Kohlensäure gewonnen, große Basaltvorkommen liegen bei Oberzissen, Phonolith wird im Bereich Brenk abgebaut, im oberen Brohltal befinden sich riesige Tuffsteinbrüche. Überall in der Gegend wird Lava abgebaut, ein Füllstoff, der insbesondere nach dem Krieg für den Straßenbau an Bedeutung gewonnen hat.
Die Abfuhr der Bodenschätze sowie der feuerfesten Erzeugnisse der Brohltal AG in Weiler mit Pferde-fuhrwerken über einfache Straßen war nicht nur schwierig, sondern auch kostspielig. Witterungsbedingt ruhte der Abbau und der Abtransport im Winter zeitweise.

Die Westdeutsche Eisenbahn-Gesellschaft, die im Raum Köln – Bonn – Aachen – Kreuznach Aktivitäten entwickelte und u.a. die Dürener, Euskirchener, Bergheimer, Geilenkirchener und Kreuznacher Kreisbahnen baute und betrieb, sah in einer Eisenbahnstrecke, die die im Brohltal gelegenen Industriebetriebe dem Verkehr erschloß, große Chancen und wirtschaftliche Möglichkeiten und stellte 1895 einen Konzessionsantrag zum Bau einer Schmalspurbahn von Brohl nach Kempenich, dem am 19.8.1896 entsprochen wurde.

Am 22.1.1896 wurde die Brohltal-Eisenbahn-Gesellschaft gegründet. Ursprünglich war geplant, dem Dürrenbach, einem Nebenlauf der Brohl über Oberzissen hinaus bis Niederdürrenbach zu folgen und sich dann dem Verlauf der Straße über Wollscheid nach Kempenich anzupassen. Wegen der Phonolith-vorkommen bei Brenk und den Tuffsteinbrüchen in dem Gebiet um Weibern entschloß sich die WEG zu der sehr viel schwierigeren Trassenführung über Brenk und Weibern. Wegen der ungünstigen Geländeverhältnisse mußte der Abschnitt Oberzissen – Brenk mit einer Zahnstange versehen werden. Innerhalb eines Jahres konnte die gesamte Strecke in 3 Abschnitten in Betrieb genommen werden.

Die Brohltalbahn war mehr als eine Kleinbahn schlechthin – die landschaftlichen Schönheiten des Brohltales und der Eifelhochfläche, die geographischen Schwierigkeiten, die baulichen Besonderheiten, der interessante und vielfältige Fahrzeugpark, der Rheinhafenbetrieb und das durch die Bodenschätze diktierte Verkehrsaufkommen haben der Brohltalbahn ein ganz besonderes Gepräge und den Eindruck einer Gebirgsbahn gegeben.

Der Betrieb entwickelte sich gut, die Beförderungsleistungen im Güterverkehr waren beachtlich und überschritten schnell die Grenze von 200 000 t/Jahr. Auch die Bevölkerung nahm die Bahn rasch an, die Fahrgastzahlen erreichten schon bald 150 000/Jahr.

Lange dominierte der Güterverkehr bei der Brohltalbahn; Steine, Phonolith und andere Rohstoffe gelangten auf der Schiene aus dieser Eifelregion zum Rheinhafen Brohl: Oben sehen wir einen mit drei Bremsern besetzten Güterzug 1970 kurz vor Oberzissen; im Hintergrund das damals schon stillgelegte Steinwerk Jussen – einst ebenfalls Kunde der BEG. Unten werfen wir einen Blick in den Rheinhafen Brohl, wo ein Phonolithzug der BEG gerade mit dem bahneigenen Kran entladen wird.

In betrieblicher Hinsicht ergab sich eine Teilung der Bahn in einen oberen und einen unteren Abschnitt. Für die obere Strecke mit dem Zahnstangenabschnitt wurden insgesamt 5 kombinierte Zahnrad-/Adhäsionslokomotiven vorgehalten, auf der unteren Strecke bis Oberzissen fuhren 2, später 3 große (und 3 kleinere) reine Reibungslokomotiven, die trotz der beträchtlichen Steigungen auch auf diesem Abschnitt noch größere Lasten befördern konnten.
Auf dem unteren Abschnitt wurde Ende der 20er Jahre Rollwagenverkehr eingeführt.

1907 ereignete sich der einzige größere Unfall auf der Zahnstangenstrecke: am 31. Oktober verlor der Lokführer über einen zu Tal fahrenden GmP mit 12 Wagen die Gewalt. Der Zug fuhr nur mäßig gebremst mit großer Geschwindigkeit die Steilstrecke hinunter und stürzte in der Krümmung vor dem Viadukt am Fuß des Zahnstangenabschnittes die Böschung herab. Vier Fahrgäste und der Zugführer, der die Schlußbremse bediente, kamen ums Leben, weitere Fahrgäste wurden schwer verletzt.

Der erste Weltkrieg und die anschließende Rezessionszeit brachte die BTB in eine schwierige Lage. Ein großer Teil der Tuffsteinbrüche wurde stillgelegt, auch der Basaltbruch bei Oberzissen stellte vorübergehend den Abbau ein. Dringende Reparaturen an den arg heruntergewirtschafteten Betriebsmitteln und ein deutlicher Verkehrsrückgang verschlechterten die Wirtschaftsergebnisse der Nachkriegsjahre erheblich, so daß die WEG Überlegungen anstellte, die BTB stillzulegen.

Da die Aufgabe der Brohltalbahn für die Industriebetriebe im Brohltal großen Schaden gebracht und die Wettbewerbsfähigkeit erheblich beeinträchtigt hätte, entschlossen sich 1921 die Landkreise Ahrweiler, Mayen und Adenau sowie einige der an der Bahn gelegenen Industriebetriebe, die Bahn in eigene Verwaltung zu übernehmen.

Der Personenverkehr, der mit gemischten Zügen abgewickelt wurde, war wenig einträglich, die aufkommende Straßenkonkurrenz hatte gegenüber dieser Verkehrsabwicklung leichtes Spiel. 1927 richtete die BTB einen eigenen Kraftomnibusverkehr ein und versuchte, verlorenes Fahrgastaufkommen zurückzugewinnen. Mit der Beschaffung eines Benzoltriebwagens konnte der Personenverkehr artrein mit erheblich kürzeren Fahrzeiten abgewickelt werden.
Wegen des geringen Fahrgastaufkommens wurde der Pv Oberzissen – Kempenich 1935 vorübergehend eingestellt.

1930 beschaffte die BTB eine schwere fünffachige Heißdampflokomotive, die nach einem besonderen Entwurf der Firma Krauß München gebaut worden und in der Lage war, die Steilstrecke im reinen Adhäsionsbetrieb zu befahren. Nach den guten Erfahrungen der Halberstadt – Blankenburger Eisenbahn und der Deutschen Reichsbahn in den 20er Jahren, ihre Zahnstangenstrecken mit schweren Lokomotiven im Reibungsbetrieb zu befahren, entschloß sich auch die BTB, nach der Beschaffung einer weiteren schweren Lokomotive den Zahnstangenbetrieb aufzugeben und die Zahnstangenstrecke im Adhäsionsbetrieb zu befahren. Schwierigkeiten stellten sich nicht ein, so daß 1934 die Zahnstange ausgebaut und die veralteten Zahnradlokomotiven ausgemustert werden konnten.
Mit der Beschaffung von 2 Trieb- und 2 Beiwagen wurde der gesamte Personenverkehr 1935 auf Triebwagenbetrieb umgestellt.

Ende der 30er Jahre stiegen die Verkehrsleistungen sowohl im Personen- als auch im Güterverkehr wieder an, insbesondere für den Autobahn- und Straßenbau wurden große Mengen an Basaltschotter und Lava abgefahren.
1938 wurde auch der Personenverkehr (Pv) nach Kempenich wieder aufgenommen.
Bis 1960 waren die Verkehrsleistungen befriedigend, dann machte sich die Straßenkonkurrenz mehr und mehr bemerkbar.
Die Verlagerung der Brohltal AG nach Urmitz brachte der BTB empfindliche Verkehrseinbußen. In den folgenden Jahren wanderten bis auf die Fa. Kali Chemie, die den Phonolith-Abbau bei Brenk betreibt, alle Verlader der BTB auf die Straße ab.

VT 50 im Jahre 1926 in der Steilstrecke. Deutlich ist die bis 1934 vorhandene Abt´sche Zahnstange zu erkennen. Etwas weiter unterhalb passiert das für damalige Zeiten sehr moderne Fahrzeug gerade den Steinbruch der Firma Rauen in Oberzissen.

Die inzwischen 35 und mehr Jahre alten Trieb- und Beiwagen waren inzwischen reparaturanfällig und erneuerungsbedürftig, Neuinvestitionen für den Personenverkehr standen jedoch nicht zur Diskussion, zumal die BTB schon bald nach dem Krieg den KOM-Verkehr wieder aufgenommen und das Streckennetz bis 1960 erheblich erweitert hatte.

Direkter Anlaß, den Schienenpersonenverkehr aufzugeben, war ein Frontalzusammenstoß am 27.4.1961 zwischen VT 52 und einem von Lok IV gezogenem Talbotzug in km 0,4; der glücklicherweise nur Sach- und geringen Personenschaden zur Folge hatte. 1961 wurde der Personenverkehr eingestellt und von den Bussen der BTB übernommen.
Mit der Beschaffung von 2 Diesellokomotiven endete 1966 der Dampfbetrieb bei der BTB.
1970 wurde der Stückgutverkehr auf der Schiene aufgegeben und die Flächenbedienung vom Bahnhof Andernach aus mit eigenen Lkw aufgenommen.
Nachdem der Güterverkehr auf dem oberen Abschnitt soweit zurückgegangen war, daß der Restverkehr mit bahneigenen Lkw abgewickelt werden konnte, wurde der Abschnitt Engeln – Kempenich 1974 stillgelegt.

Der Phonolithbruch Brenk ist heute einziger Bahnkunde, das wird vorerst auch so bleiben, solange der projektierte Neubau einer Werkstraße von Brenk über Engeln nach Weibern nicht realisiert wird. Die Planungen bestehen fort, es gibt jedoch noch keine konkrete Planfeststellung.

Personenverkehr

Der Personenverkehr spielte nur in den Anfangsjahren eine Rolle und dann noch einmal vor und nach dem 2. Weltkrieg.
Anfangs wurde der Pv mit GmP abgewickelt, wegen der langen betrieblichen Unterwegshalte betrug die Fahrzeit 2 1/4 Stunden und war wenig attraktiv. Mit der Beschaffung eines Benzoltriebwagens 1926, der auch den Zahnstangenabschnitt im Reibungsbetrieb befahren konnte, konnte der Pv unabhängig vom Gv durchgeführt und die Fahrzeit um 1 Stunde verringert werden. Das Zugangebot wurde von 3 GmP auf täglich 6 VT-Paare verbessert.

1927 führte die BTB einen eigenen Kraftomnibusbetrieb ein, mit 5 Bussen wurde versucht, der Straßenkonkurrenz entgegenzutreten und verlorenes Fahrgastaufkommen zurückzugewinnen.
1928 wurden 144.219 Fahrgäste auf der Schiene und 38.007 mit Omnibussen (KOM) befördert.

Wegen des geringen Verkehrsaufkommens auf dem oberen Abschnitt wurde der Pv 1935 zwischen Oberzissen und Kempenich eingestellt; zu dieser Maßnahme trug auch der Umbau des VT auf Holzgasbetrieb bei, der sich zumindest in den Anfangsjahren nicht bewährte und zu Überbeanspruchungen insbesondere auf der Steilstrecke und Ausfall durch Kurbelwellen- und Pleuelstangenbrüche führte.

1935 bot sich die Gelegenheit, von der auf Regelspur und elektrischen Betrieb umgestellten Vorgebirgsbahn Köln – Brühl – Bonn 2 Trieb- und 2 Beiwagen zu erwerben, die in der Folgezeit zusammen mit dem Holzvergaser-Triebwagen den gesamten Personenverkehr abwickelten. Die alten BTB-Personenwagen wurden ausgemustert.
1938 wurde der Pv nach Kempenich wieder aufgenommen.
Der Sommerfahrplan 1938 weist werktags 5 Zugpaare Brohl – Oberzissen, davon 2 bis Kempenich, und sonntags ein zusätzliches Zugpaar bis Kempenich aus. Die Fahrzeit betrug 76 Minuten.

Der Bahnhof Kempenich zu Beginn seiner Ära, etwa 1903, und ein zweites Mal in den zwanziger Jahren, als die Personenzüge noch von Dampflokomotiven gezogen wurden. Angesichts der Einmaligkeit dieses Bilddokumentes sieht man gerne über die kleinen Fehler der Aufnahme hinweg.

Beförderungsleistungen:

1901   : 12.296 Personen (14.1.1901 bis 31.3.1901)
1901/02: 76.925 Personen (jeweils 1.4. bis 31:3.)
1902/03: 88.695 Personen
1904/05: 115.734 Personen
1906/07: 152.739 Personen
1908/09: 134.005 Personen
1910/11: 138.914 Personen
1912/13: 156.207 Personen
1914/15: 96.823 Personen
1916/17: 154.002 Personen
1918/19: 347.695 Personen
1920/21: 293.297 Personen
1922/23: 237.386 Personen

1903/04:   99.753 Personen
1905/06: 136.176 Personen
1907/08: 154.110 Personen
1909/10: 128.193 Personen
1911/12: 142.437 Personen
1913/14: 156.324 Personen
1915/16: 110.557 Personen
1917/18: 325.387 Personen
1919/20: 340.102 Personen
1921/22: 245.908 Personen
1923/24:   12.382 Personen (!)

Von April bis September 1923 ruhte der Verkehr aufgrund des französischen
Regieverkehrs und des passiven Widerstandes der Eisenbahner vollständig.

1924: 88.528 Personen (1.4.1924 bis 31.12 1924)
1925: 156.864 Personen (1.1.1925 bis 31.12.1925)
1926: 149.872 Personen
1927: 142.259 Personen (Schiene) 18.351 Personen (KOM)
1928: 144.219 Personen (Schiene) 38.007 Personen (KOM)
1929: 140.152 Personen (Schiene) 44.567 Personen (KOM)
1930: 134.539 Personen (Schiene) 33.800 Personen (KOM)
1931: 113.285 Personen (Schiene) 22.451 Personen (KOM)
1932: 75.061 Personen (Schiene) 28.760 Personen (KOM)
1933: 59.388 Personen (Schiene) 27.407 Personen (KOM)
1934: 72.481 Personen (Schiene) 31.666 Personen (KOM)
1935: 85.907 Personen (Schiene) 37.052 Personen (KOM)
1936: 79.005 Personen (Schiene) 53.501 Personen (KOM)
1937: 103.737 Personen (Schiene) 49.668 Personen (KOM)
1938: 124.674 Personen (Schiene) 44.942 Personen (KOM)
1939: 145.316 Personen (Schiene) 86.280 Personen (KOM)
1940: 236.906 Personen (Schiene) nicht feststellbar (KOM)
1941: 304.376 Personen (Schiene) nicht feststellbar (KOM)
1942: 470.407 Personen (Schiene) nicht feststellbar (KOM)
1943: 588.547 Personen (Schiene) nicht feststellber (KOM)
1944: 476.602 Personen (Schiene) nicht feststellbar (KOM)
1945: 96.873 Personen (Schiene) nicht feststellbar (KOM)
1946: 404.305 Personen (Schiene) nicht feststellbar (KOM)
1947: 377.531 Personen (Schiene) nicht feststellbar (KOM)

Für die Jahre 1948 bis 1950 lassen sich keine Zahlen für eine Verkehrsstatistik nachweisen.

1951: 227.253 Personen (Schiene) nicht feststellbar (KOM)
1952: 204.383 Personen (Schiene) 346.069 Personen (KOM)
1953: 215.172 Personen (Schiene) 392.321 Personen (KOM)
1954: 238.123 Personen (Schiene) 510.947 Personen (KOM)
1955: 258.965 Personen (Schiene) 550.580 Personen (KOM)
1956: 270.896 Personen (Schiene) 598.724 Personen (KOM)
1957: 261.795 Personen (Schiene) 611.396 Personen (KOM)
1958: 227.558 Personen (Schiene) 577.782 Personen (KOM)
1959: 163.602 Personen (Schiene) 596.875 Personen (KOM)
1960: 183.932 Personen (Schiene) 594.673 Personen (KOM)

Bilder von Reisenden aus den dreißiger Jahren: Rechts sind am 5. Februar 1935 Jugendliche und Kinder mit dem „Bahnbus" in Kempenich eingetroffen.

Im selben Jahr wurden diese Reisenden im Bahnhof Kempenich abgelichtet, die wohl auf den Triebwagen nach Brohl warten.

Der frühere Triebwagenverkehr auf der Brohltalbahn dauerte bis 1961. In jenem Jahr entstand auch die rechts abgebildete Aufnahme, die VT 51 neben der Ablösung im Bahnhof Oberzissen zeigt.

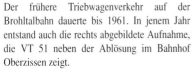

Für das letzte Jahr des schienengebundenen öffentlichen Personenverkehrs, 1961, liegen leider keine Zahlen vor, auch nicht für den Kraftomnibusbetrieb.

Nach dem Krieg nahm die Brohltalbahn den KOM-Betrieb sehr rasch wieder auf und ersetzte nach und nach den VT-Verkehr auf dem oberen Abschnitt durch Busse. 1950 fuhr nur noch mo und sa ein VT-Zug nach Kempenich sowie tgl. außer sa ein VT bis und ab Brenk.
Nach einem Frontalzusammenstoß zwischen VT 52 und einem von Lok IV gezogenen Güterzug wurde der Personenverkehr zum 1.10.1961 eingestellt.

1960 umfaßte das KOM-Netz 9 Linien mit einer Gesamtstreckenlänge von 208 km im Raum Brohl – Maria Laach – Mayen – Kempenich – Ahrweiler – Bad Neuenahr – Bad Breisig. 10 Omnibusse und 1 Anhänger standen zur Verfügung. Die Verkehrsleistung war mehr als dreimal größer als auf der Schiene.
1958 weist der Fahrplan neben mehreren Buskursen nur noch mo und sa 1 Zugpaar auf dem oberen Abschnitt aus, 1960 fuhr do, sa und so 1 Zugpaar nach Brenk.
Nach einem Frontalzusammenstoß zwischen einem VT und einem Güterzug wurde der Personenverkehr 1961 eingestellt.

Der KOM-Verkehr entwickelte sich sehr gut, der Buspark wurde erweitert, das Verkehrsgebiet besser erschlossen und das Angebot verbessert.

Im großen Umfang wird auch Gelegenheitsverkehr durchgeführt. Schulbusse (freigestellter Verkehr) fahren zu den Hauptschulen in Niederzissen, Burgbrohl und Bad Breisig sowie zu den Gymnasien in Andernach, Mayen, Ahrweiler, Sinzig und Remagen. Täglich werden etwa 4000 Schüler befördert, die Tendenz ist fallend.

Linien	km	Anzahl der KOM	Beförderungsleistungen
1965: 9	208	15	713 200 Fahrgäste
1970: 9	208	23	1 024 300
1975: 9	208	25	1 338 500
1979: 9	272	25	1 568 700
1981: 9	272	27	1 532 800
1982: 9	272	27	1 462 000
1983: 9	272	27	1 344 400
1984: 9	272	27	1 223 000
1985: 9	272	27	1 220 000

1981 wurde in Brohl ein neuer großer moderner Betriebshof fertiggestellt, in dem die Busse und Lkw gepflegt, gewartet und instandgehalten werden. KOM-Stützpunkte mit Unterstellhallen befinden sich in Niederzissen und Kempenich.

Anfang der 70er Jahre versuchte die "Interessengemeinschaft historischer Schienenverkehr", auf der Brohltalbahn einen Museumsbetrieb aufzuziehen und überstellte 1973 den ex MEG-VT T13 nach Brohl. Die IHS-Arbeitsgruppe Brohl war wenig erfolgreich, zudem gab es Schwierigkeiten mit dem Einsatz des VT, der als reines Flachlandfahrzeug bei der MEG Dienst getan hatte und für den Steilstreckenbetrieb nicht geeignet war. Das Projekt wurde aufgegeben, da sich in Brohl nicht genügend Mitarbeiter fanden. Auch eine Nachfolgegruppe "Arbeitsgemeinschaft Brohltalbahn e.V." brachte trotz einer beachtenswerten Pressekampagne keinen Betrieb zustande. Der VT wurde 1975 zur Selfkantbahn nach Langbroich-Schierwaldenrath gebracht.

1977 startete die Brohltalbahn selbst eine Wiedergeburt des Schienenpersonenverkehrs mit dem VULKAN-EXPRESS. Dieser fährt seit 1988 von Karfreitag bis zum letzten Oktoberwochenende an

Der "Vulkan-Expreß" in Burgbrohl (oben) und auf Bergfahrt bei Engeln (unten).

Samstagen, Sonn- und Feiertagen, sowie von Mai bis Oktober auch an Dienstagen und Donnerstagen. Der "Expresszug" verkehrt nach besonderem Fahrplan (Kursbuch Nr. 608), kann aber auch nach vorheriger Reservierung gemietet werden.

Zunächst reichte der ehemalige VB 50, der 1976 aufgearbeitet worden war, zur Durchführung der Plan- und Sonderfahrten aus. Reisende aller Planzüge, auf Bestellung auch die der Sonderzüge, können mit Getränken versorgt werden.

Die Fahrtzeit für den Dieselzug zwischen Brohl und Engeln beträgt 1,5 Stunden. Der Dampfzug benötigt für die Strecke von Brohl nach Oberzissen eine knappe Stunde, für die Relation Brohl – Burgbrohl ca. 30 Minuten. An Samstagen und Sonntagen besteht Busanschluß nach Maria Laach sowie zusätzlich an Samstagen nach Kempenich und sonntags nach Weibern.

Der Touristikverkehr erfreut sich zunehmender Beliebtheit. Zu einem ganz besonderem Publikumsmagneten haben sich aber die seit Dezember 1990 durchgeführten Dampfzugfahrten entwickelt.

Ab der Saison 1991 werden von Juni bis Oktober an Sonn- und Feiertagen den Zügen zwischen Brohl, Burgbrohl und Oberzissen Dampflokomotiven vorgespannt.

Die 1987 eingeführten Nikolausfahrten werden wie im Dezember 1990 auch im Jubiläumsjahr mit Dampfzügen veranstaltet.

1979	wurden	28	Fahrten durchgeführt und	1 700	Fahrgäste befördert
1980		42		2 600	
1981		78		4 125	
1982		57		3 100	
1983		61		2 907	
1984		55		2 878	
1985		41		2 692	
1986		67		3 804	

An schönen Tagen mußten häufig Fahrgäste zurückbleiben. 1985 wurde der offene Güterwagen Omm 458 mit Tischen und Bänken ausgestattet, farblich angepaßt und ab Ende der Saison als Sommerwagen eingesetzt. Inzwischen sind weitere Fahrzeuge im Brohltal eingetroffen; in Zusammenarbeit zwischen der Brohltalbahn und der neu gegründeten "Interessengemeinschaft Brohltal-Schmalspurbahn" (IBS) wird der VULKAN-EXPRESS derzeit zu einer der großen Attraktionen dieser Region ausgebaut – mit großem Erfolg, denn die Fahrgastzahlen haben zwischen 1987 und 1991 enorm zugenommen!

Güterverkehr

Ohne die Bodenschätze wäre die Brohltalbahn sicherlich nicht oder zumindest nicht in der ausgeführten Trassierung gebaut worden; nur der Anschluß der wenigen Orte des Brohltales hätten einen geographisch derart schwierigen und baulich aufwendigen Bahnbau kaum gerechtfertigt. Vielmehr waren es die Bodenschätze, für deren verkehrliche Erschließung die Brohltalbahn erstellt und jahrzehntelang wirtschaftliche betrieben worden ist.

Der allgemeine Güterverkehr spielte eine untergeordnete Rolle. Alle Bahnhöfe hatten Ladegleise und Ladestraßen für den öffentlichen Ladungsverkehr, die Bahnhöfe Burgbrohl, Weiler, Niederzissen, Oberzissen, Weibern und Kempenich kleine Güterschuppen. Die An- und Abfuhr beschränkte sich auf landwirtschaftliche Erzeugnisse, Kunstdünger, Brennstoffe, Holz und Baumaterial.

Die sehr viel größere Bedeutung kam der Abfuhr von Steinen und Erden, der Produkte der Brohltal AG und Fa. Rhodius und der Anfuhr von Brennstoffen für die Industrie zu. In dem Gebiet um Weibern und Kempenich gab es eine Vielzahl von Tuffsteinbrüchen, in denen vor dem ersten Weltkrieg bis zu 1400 Mann arbeiteten. Tuff wurde in großen Mengen mit der BTB abgefahren. Für die Verladung gab es eine Laderampe in Kempenich, ein Ladegleis an der freien Strecke zwischen dem Gbf und dem Per-

Der Steinbruchbetrieb Rauen in Oberzissen
gehörte einst zu den guten Kunden der Bahn.
Das Bild zeigt die Werksanlagen in der Zeit
zwischen den Weltkriegen; Lok 3 rangiert einen
Güterzug zusammen.

Der Hafen ist bis heute einer der wichtigsten
Bestandteile der Brohltaleisenbahn. 1925 und
1927 wurden zwei große Portalkräne errichtet,
die bis heute ihren Dienst verrichten.

In den fünfziger Jahren beherrschten bei der BEG noch Dampfloks das Geschehen! An einem Herbsttag des Jahres 1956 fuhr die mächtige Mallet-Lok II in Burgbrohl bergwärts und traf dort die rangierende Lok IV (oben). In Kempenich entstand am 21. August 1974 das untere Bild! Es zeigt einen der letzten Züge dieses Abschnitts bei der Einfahrt in den dortigen Bahnhof.

Diesellok D 1 Ende der sechziger Jahre im Brohler Hafen; die Dampflokzeit ist erst wenige Jahre Geschichte (oben). 1988 endete die Beförderung von normalspurigen Td-Wagen vom Hafen in den Umladebahnhof. Möglicherweise wird 1991 ein weiteres Kapitel der Brohltalbahn zu Ende gehen: der Güterverkehr.

sonenbf Weibern, zu dem das Material mit einer Seilbahn herangebracht wurde und beim Gbf Weibern. Der Tuffsteinverkehr verlor nach dem ersten Weltkrieg an Bedeutung, die Ladeanlagen an der freien Strecke und in Kempenich sind schon frühzeitig aufgegeben worden.

Oberhalb des Ortes Brenk steht ein riesiger Phonolithkopf an, der schon seit der Jahrhundertwende ausgebeutet wird – Phonolith ist ein hochwertiger Rohstoff für die Glasherstellung. Die Kali Chemie AG, die heute den Abbau betreibt, ist inzwischen einziger Bahnkunde der BTB. Unmittelbar oberhalb des Streckengleises befinden sich große Siloanlagen, unter denen die BTB-Wagen beladen werden. Darüber am Hang liegen die Brecher- und Mahlwerke. Die Gleisanlagen des Anschlusses sind in den 70er Jahren vereinfacht und z.T. zurückgebaut worden. Der zu Sand gemahlene Phonolith geht zum großen Teil (ab Brohl mit Lkw) zur Gerresheimer Glashütte, aber auch ins Ausland.

Da keine Straßenverbindung zu dem Bruch Brenk besteht, geschieht die gesamte Abfuhr nach wie vor über die BTB. In den 60er Jahren wurden 80 bis 100 000 t/Jahr abgefahren, inzwischen ist die Abfuhr auf etwa 2/3 zurückgegangen.

Nördlich von Oberzissen befand sich ein großer Basaltbruch der Firma Rauen AG, Essen. Der Steinbruch ist 1939 aufgegeben und nach dem Krieg von der Firma H. Jüssen kurzzeitig (1951-54) wieder aufgefahren worden. Zu den Brecher- und Siloanlagen führte ein etwa 200 m langes Anschlußgleis; die Meterspurwagen – die Fa. Rauen hatte eigene Selbstentladewagen bei der BTB eingestellt – wurden unter dem Silo über Rutschen beladen. Am Ende des Ladegleises war ein Umsetzgleis angeordnet. Der Steinbruch ist inzwischen mit Wasser gefüllt, die Brecher- und Siloanlagen restlos entfernt.

In Weiler befand sich ein großes Werk der Brohltal AG für die Verarbeitung von Ton zu feuerfesten Erzeugnissen. Ton wurde von der nahegelegenen Abbaustelle mit einer Schleppbahn zum Werk gefahren, die auf hohen Pilonen die Gleise der BTB und die danebenliegende Strecke überquerte. Brennstoffe und auch Ton wurden mit der BTB herangebracht und an einer hochgelegenen überdachten Umladestelle, die auf dem Niveau der Lorenbahn lag, in die kleinen Werkwägelchen umgeladen und zum Werk gefahren.
Zum Werk selbst führten 2 Agl. über die Fertigprodukte abgefahren wurden. Die einst umfangreichen Gleisanlagen beim Bahnhof Weiler spiegeln die frühere Bedeutung des Werkes für die BTB wider. 1963 verlegte die Brohltal AG die Fertigung von Weiler nach Urmitz, was der BTB empfindliche Verkehrseinbußen brachte.

Seit 1964 verlädt die Firma Romey in Weiler Lavasteine; über dem Umsetzgleis unterhalb der Umladehalle sind dafür 1970 3 große Hochbehälter aufgestellt worden, unter denen die BTB-Wagen beladen wurden. In guten Zeiten wurden hier bis zu 100 000 t Lava im Jahr verladen. Der Rückgang im Baugewerbe und beim Straßenbau ließ die Beförderungsleistungen in den letzten Jahren auf 10 000 t/Jahr sinken. Ende 1983 ist die Verladung ganz aufgegeben, die Silobehälter sind entfernt worden.

Beim Bahnhof Burgbrohl befindet sich die Firma Agefko, die natürliche Kohlensäure aus den mineralhaltigen Quellen erzeugt und bis zu 1000 t Kohlensäure in aufgeschemelten Kesselwagen und auch Trockeneis abfuhr. Im Empfang erhielt die Firma Brennstoffe. Die Verladung geschah auf einem eigenen Agl.

Beim Bahnhof Burgbrohl hatte die Lebensmittelgroßhandlung Heuft, die von hier aus die kleinen "Tante Emma-Läden" versorgte, einen kleinen Lagerschuppen mit einem Ladegleis, die Firma ist Anfang der 50er Jahre erloschen.

Zwischen Tönisstein und Burgbrohl befinden sich mehrere Werke der Firma Gebr. Rhodius. Bei dem Stammwerk (Herstellung von Chemischen Produkten, Farben, Styropor, mineralische Baustoffe) war eine zweigleisige Ladestelle angelegt. Güter für das Werk (Rohstoffe, Kohlen), das auf der anderen

Straßenseite liegt, mußten mit Straßenfahrzeugen abgeholt werden. Die Bedeutung des Agl. war zumindest in den letzten Jahrzehnten nicht sehr groß.
Die Firmen Agefko, Rhodius und Heuft sind sukzessive auf die Straße abgewandert, seit 1969 sind die Agl. nicht mehr benutzt und 1978 abgebaut worden.

Beim Hp Schweppenburg ist nach dem Krieg eine Hochrampe mit einem darunterliegenden Ladegleis gebaut worden. Hier wurden Steine und Lava aus den umliegenden Abbaustellen mit Lkw angefahren und über Rutschen in die BTB-Wagen umgeschlagen. 1976 ist die Verladung aufgegeben worden, die Lkw fahren heute direkt zum Rheinhafen Brohl.

Zwischen Schweppenburg und Brohl befand sich jenseits des Brohlbaches eine Ladestelle für Traß, die schon frühzeitig (im oder gleich nach dem Krieg) aufgegeben worden ist. Die Brücke über den Brohlbach ist noch vorhanden, die Gleise sind entfernt.

<u>Beförderungsleistungen</u> (Schiene) einschl. der DB-Wagen von und zum Rheinhafen:

1901:   5.054 Tonnen (Zeitraum 12.1.1901 bis 31.3.1901)
1901/02: 67.124 Tonnen
Alle folgenden Angaben bis 1924 jeweils für den Zeitraum 1.4. - 31.3. eines folgenden Jahres)

1902/03: 86.528 Tonnen	1903/04: 118.250 Tonnen
1904/05: 192.394 Tonnen	1905/06: 189.177 Tonnen
1906/07: 209.036 Tonnen	1907/08: 225.810 Tonnen
1908/09: 166.326 Tonnen	1909/10: 152.272 Tonnen
1910/11: 175.815 Tonnen	1911/12: 208.206 Tonnen
1912/13: 184.909 Tonnen	1913/14: 204.063 Tonnen
1914/15: 123.100 Tonnen	1915/16: 108.215 Tonnen
1916/17: 128.689 Tonnen	1917/18: 170.523 Tonnen
1918/19: 149.639 Tonnen	1919/20: 180.174 Tonnen
1920/21: 165.653 Tonnen	1921/22: 132.781 Tonnen
1922/23: 139.088 Tonnen	

1923/24: 47.545 Tonnen (von April bis September 1923 war der Betrieb der BTB eingestellt)
1924:   94.041 Tonnen (Zeitraum 1.4. bis 31.12.1924)
1925:   178.842 Tonnen
1926:   246.263 Tonnen
1927:   254.945 Tonnen
1928:   273.099 Tonnen
1929:   310.838 Tonnen Umschlag Hafen ca. 120.000 Tonnen
1930:   360.925 Tonnen Umschlag Hafen ca. 220.000 Tonnen
1931:   300.876 Tonnen Umschlag Hafen ca. 212.500 Tonnen
1932:   209.393 Tonnen Umschlag Hafen ca. 120.500 Tonnen
1933:   253.399 Tonnen Umschlag Hafen ca. 140.400 Tonnen
1934:   267.192 Tonnen Umschlag Hafen 151.000 Tonnen
1935:   287.550 Tonnen Umschlag Hafen 148.150 Tonnen
1936:   288.026 Tonnen Umschlag Hafen läßt sich bis einschließlich 1944 nicht mehr belegen.
Im 1936 neu eingeführten Güterkraftverkehr leisteten die LKW 777 km
1937:   300.627 Tonnen (Schiene) LKW-Leistungen: 17.304 km
1938:   315.693 Tonnen (Schiene) LKW-Leistungen: 40.652 km
1939:   513.017 Tonnen (Schiene) LKW-Leistungen: 61.690 km
1940:   391.951 Tonnen (Schiene) LKW-Leistungen: nicht feststellbar
1941:   304.376 Tonnen (Schiene) LKW-Leistungen: nicht feststellbar
1942:   470.407 Tonnen (Schiene) LKW-Leistungen: nicht feststellbar
1943:   588.547 Tonnen (Schiene) LKW-Leistungen: nicht feststellbar

1944:	476.402 Tonnen	(Schiene) LKW-Leistungen: nicht feststellbar
1945:	21.010 Tonnen	Umschlag Hafen ca. 10.060 Tonnen
1946:	46.417 Tonnen	Umschlag Hafen ca. 10.384 Tonnen
1947:	77.450 Tonnen	Umschlag Hafen ca. 10.650 Tonnen

Für die Jahre 1948 bis 1950 lassen sich keine statistischen Zahlen für den Güterverkehr anführen.

1951:	217.917 Tonnen	(Umschlag Hafen nicht feststellbar)
1952:	186.492 Tonnen	(Umschlag Hafen: 128.950 Tonnen)
1953:	185.037 Tonnen	(Umschlag Hafen: 257.409 Tonnen) LKW-Leistungen: 64.584 km
1954:	164.419 Tonnen	(Umschlag Hafen: 440.025 Tonnen) LKW-Leistungen: 72.054 km
1955:	191.773 Tonnen	(Umschlag Hafen: 618.747 Tonnen) LKW-Leistungen: 78.421 km
1956:	220.002 Tonnen	(Umschlag Hafen: 811.653 Tonnen) LKW-Leistungen: 64.360 km
1957:	212.440 Tonnen	(Umschlag Hafen: 821.575 Tonnen) LKW-Leistungen: n. feststellbar
1958:	195.342 Tonnen	(Umschlag Hafen: 932.609 Tonnen)

Der Güterkraftverkehr mit LKW wurde am 11.2.1958 eingestellt

1959:	185.421 Tonnen	(Umschlag Hafen: 846.914 Tonnen)
1960:	237.600 Tonnen	(davon rd. 90.000 Tonnen Hafenumschlag)
1965:	210.600 Tonnen	
1970:	276.000 Tonnen	
1972:	224.328 Tonnen	(Umschlag Hafen: 1.232.794 Tonnen)
1973:	167.560 Tonnen	(Umschlag Hafen: 879.245 Tonnen)
1974:	166.800 Tonnen	(Umschlag Hafen: 854.137 Tonnen)
1975:	123.985 Tonnen	(Umschlag Hafen: 845.708 Tonnen)
1976:	111.142 Tonnen	(Umschlag Hafen: 827.668 Tonnen)
1979:	97.700 Tonnen	
1980:	99.284 Tonnen	(Umschlag Hafen: 740.000 Tonnen)
1981:	85.786 Tonnen	(Umschlag Hafen: 712.000 Tonnen)
1982:	77.600 Tonnen	(davon 2.033 t Lava aus Weiler) (Umschlag Hafen: 552.000 Tonnen)
1983:	66.625 Tonnen	(davon 1.983 t Lava aus Weiler) (Umschlag Hafen: 508.000 Tonnen)
1984:	70.472 Tonnen	(Die Lavalithtransporte aus Weiler sinken unter 1.000 Tonnen und werden zum Jahresende völlig eingestellt.) (Umschlag Hafen: 517.000 Tonnen)
1985:	56.917 Tonnen	(Umschlag Hafen: 410.000 Tonnen)
1986:	55.000 Tonnen	

(Umschlag Hafen: Für die Jahre 1986 bis 1991 konnte keine Tonnage ermittelt werden.)

1987:	40.000 Tonnen	
1988:	28.000 Tonnen	(Im August 1988 endet die Umladung auf DB-Waggons)
1989:	36.000 Tonnen	(ausschließlich Phonolith)
1990:	44.000 Tonnen	(ausschließlich Phonolith)
1991:	Es wird ein Frachtaufkommen von ca. 50.000 Tonnen erwartet.	

Für die BTB günstig ist, daß die Massengüter wie Phonolith, Lava, Steine und Tuff zu Tal und die leeren Wagen bergwärts gefahren wu(e)rden. Trotzdem mußten längere Züge in Oberzissen getrennt und in zwei Teilen über die Steilstrecke nach Brenk und weiter gefahren werden. Seit 1976 werden die V-Loks regelmäßig in Doppeltraktion eingesetzt, womit ein Trennen der Züge in Oberzissen entfällt.
Mitte der 70er Jahre herrschte noch reger Betrieb, tgl. verkehrten bis zu 5 Zugpaare. Für den Lava- und den Phonolithverkehr war je ein Zug mit 10 Wagen im Umlauf, der bis zu 2 x tgl. beladen und am Rheinhafen entladen wurde.

Typisch für die Güterzüge der BTB war die Besetzung mit 2 oder 3 Bremsern, die trotz der durchgehenden Bremse aus Sicherheitsgründen bei Wind und Wetter auf den offenen Bremserständen mitfahren mußten. Durch Änderung der Steilstreckenvorschrift ist dies seit 03.08.87 nicht mehr erforderlich!

Auf dem oberen Abschnitt war das Verkehrsaufkommen nach der Aufgabe der Tuffsteinabfuhr äußerst gering. Nachdem die BTB 1970 mit eigenen Lkw den Stückgutflächenverkehr ab und bis Bahnhof Andernach übernommen hatte, verkehrte der Güterzug nur noch nach Bedarf bis Kempenich, in den letzten Jahren mitunter nur noch einmal in der Woche. 1974 ist der Verkehr auf dem Abschnitt Engeln – Kempenich eingestellt worden.

Nach Engeln wurde sporadisch noch Kunstdünger gefahren, wobei hier zeitweise G-Wagen als Lager dienten bzw. solange hier stehen blieben, bis sie entladen waren. Auch dieser Verkehr ist 1987 eingestellt worden.

In Brohl konnten Schüttgüter beim Gbf über Rutschen, später über eine Bandanlage in die tieferstehenden DB-Wagen umgeladen werden. Die Bandanlage ist noch vorhanden, wird aber nur noch bei Hochwasser benutzt, wenn der Hafen wegen des hochstehenden Rheins nicht mehr erreichbar ist.

Am Rheinhafen werden auf den unteren Gleisen die offenen Wagen mit Greifern entladen, während die Selbstentladewagen auf der auf Straßenniveau liegenden Sturzbrücke ihr Gut in die darunterliegenden Bunker auslaufen lassen können.

Ende der 50er Jahre wurde mit einem Lkw der Güterverkehr auf der Straße aufgenommen. Mit der Übernahme des Stückgutflächenverkehrs von Andernach ins Brohltal und in die Pellens (oberhalb Oberzissen) mußte der Lkw-Park auf vier, später auf fünf Fahrzeuge vergrößert werden. Der Stückgutverkehr mit LKW ist bereits vor rund zwei Jahren eingestellt, die LKW sind alle verkauft worden

Der bahneigene Rheinhafenumschlag (Fiskalischer Hafen, in dem die BTB den Umschlag besorgt) spielte von Anfang an eine bedeutende Rolle. Der größte Teil der Steine und Erden wurde hier umgeladen und auf dem Wasserwege weiterbefördert.

Nach dem Krieg verlagerte sich der Umschlag sowohl auf die Relation Lkw – Schiff als auch BTB – Lkw, wobei der Lkw-Anteil ständig wächst. Die größte Umschlagleistung wurde 1970 mit 1,4 Mio t erreicht, seitdem geht die Leistung kontinuierlich zurück – die Gründe dafür liegen bei der rückläufigen Entwicklung des Straßenbaues und in dem Ausbau des Rheinhafens Andernach mit seiner besseren Infrastruktur und Straßenanbindung.

1980 war die Umschlagleistung auf die Hälfte (740 000 t) abgesunken und ist seitdem noch einmal fast halbiert worden (1981: 712 000 t, 1982: 552 000 t, 1983: 508 000 t, 1984: 517 000 t, 1985: 410 000 t). Nur noch rd. 60 000 t werden über die beiden BTB-eigenen Kräne umgeschlagen, der größere Anteil (rd. 350 000 t) geht über die beiden Bandanlagen.

Die DB ist sowohl aus dem Rheinumschlag als auch aus dem Umschlag BTB – DB völlig verdrängt worden und bringt keine Fracht mehr zum Hafen.

Personal   Zahl der beschäftigten Personen

1928:	106	Mitarbeiter im Eisenbahn- und	0	Mitarbeiter im KOM-Dienst
1935:	95		3	
1938:	120		6	
1960:	133 insgesamt			
1965:	77		24	
1970:	39		38	
1975:	31		39	
1979:	26		38	
1981:	25		38	
1983:	16		42	
1986:	10		50	
1988:	3 (ab 31.März)		48	
1989:	7		47	
1990:	9		45	
1991:	7		42	

Streckenbeschreibung

Landschaftlich ist das Brohltal und die sich anschließende Hochfläche der Eifel von besonderem Reiz. Der eisenbahnmäßigen Erschließung standen erhebliche geographische Schwierigkeiten im Wege. Bis Tönisstein ist das Brohltal sehr eng, tief eingeschnitten und von hohen Bergflanken eingerahmt, erst hinter Burgbrohl wird es breiter. In dauernder Steigung von 1 : 50 und 1 : 40 überwindet die Bahn von Brohl bis Oberzissen einen Höhenunterschied von 164 m. Der Anstieg aus dem Brohltal hinaus auf die Eifelhochfläche ist so steil, daß sich zwischen Oberzissen und Engeln eine Dauersteigung von 1 : 20 ergibt, deren Befahren nach den damaligen Erkenntnissen nur mit einer Zahnstange möglich war. Auf 5,6 km Länge war eine Abtsche Zahnstange verlegt, womit ein Höhenunterschied von 235 m überwunden wurde. Bis Kempenich blieb die BTB auf der Hochfläche, wobei in einem großen Bogen der Ort Weibern angefahren wurde.

Von der Hochebene aus bieten sich herrliche Fernblicke auf die Vulkaneifel mit den vielen typischen Bergkegeln.

Die Gleise liegen auf der ganzen Länge auf eigenem Bahnkörper und folgen bis Oberzissen der Straße und dem Brohlbach.

Die Bahn verläßt den Bahnhof Brohl und schwenkt direkt hinter dem Bw in einer engen Linkskurve in das Brohltal ein. Die Gleise führen hart am Fels entlang und erreichen nach einigen hundert Metern die B 412, der sie in Seitenlage folgen und sie zweimal kreuzen. Zwischen den Straßenkreuzungen wird die Brohl auf einer Trägerbrücke gequert. Der Hp Schweppenburg liegt wieder auf der linken Straßenseite. Zwischen der früheren Steinladerampe, die noch vorhanden ist, und dem Hp wird die Brohl auf einer zierlichen Fachwerkbrücke gequert.

Nun folgt der Anstieg unmittelbar oberhalb der Straße am Berghang entlang. Der Hp Tönisstein, hoch am Berghang und nur über einen Fußweg zu erreichen, ist weit vom Ort Bad Tönnisstein entfernt, der jenseits der östlichen Talflanke in einem Nebental liegt und von der Bahn aus gar nicht zu sehen ist. Hinter dem Hp wird das Brohltal auf einem hohen langen Bogenviadukt überquert, gleich dahinter liegt der Tunnel, in dem eine Bergnase unterfahren wird, um die die Straße herumführt. Hinter der Bergnase kommt die Bahn wieder an die Straße heran und folgt ihr in einigem Abstand. Links liegen die Werkanlagen der Fa. Rhodius jenseits der Straße.

Der Bahnhof Burgbrohl befindet sich oberhalb des Ortes am nördlichen Ortsrand, der Bahnhof Weiler ebenfalls am nördlichen Ortsrand, aber diesseits der Brohl. Bei der Anfahrt auf Weiler sehen wir vor uns den großen Werkkomplex der ehemaligen Brohltal AG und beidseits der Gleise und der Bahn die hohen Pilone, die einst die Brücke der Werkbahn trugen.

Zwischen Weiler und Niederzissen wird die Straße erneut gekreuzt, dann geht es neben der Straße unter der langen und hohen, sehr beeindruckenden Autobahnbrücke hindurch, die das Brohltal in einer Höhe von mehr als 100 m überquert und sich dem Landschaftsbild gut anpaßt. Die Bahnhöfe Nieder- und Oberzissen liegen am nördlichen Ortsrand oberhalb der Orte, dazwischen führt das Gleis an der rechten Straßenseite entlang.

Hinter Oberzissen werden die Straße und der Dürrenbach, der hier in die Brohl mündet, auf einem kurzen hohen Bogenviadukt überfahren, dann beginnt die Steilstrecke in fast gradlieniger Trassenführung nach Brenk hinauf. Am Fuß der Rampe zeigt rechts eine große freie Fläche die Lage der ehemaligen Steinlade- und Brecheranlagen der Fa. Jüssen (Rauen) an. Links unten tief im Tal sieht man die Straße nach Brenk und den Brohlbach, der hier nur ein kleines Rinnsal ist.

Der Bahnhof Brenk und die Phonolith-Ladestelle befinden sich hoch oben am Hang, nach links schauen wir in das Tal hinunter auf den Ort Brenk, vor uns liegt der Talabschluß und darüber die Hochebene, die durch einsame und unberührte Gegend in einer weit geschwungenen S-förmigen Linienführung angefahren wird und bei Engeln erreicht ist.

Der Leerzug nach Brenk befährt die Steilstrecke mit einer Geschwindigkeit von 5 - 8 km/h, wobei die Motoren der beiden Diesel-Lokomotiven ihre volle Leistung abgeben. Noch aufregender war es früher, als sich die schweren Dampflokomotiven mit der angehängten Last hochquälten mit voll ausgelegter Steuerung, einem Höllenfeuer unter dem Kessel und mit knallendem Auspuff, der von den Hängen vielfach zurückgeworfen wurde.

Oben ein sehr seltenes Bild, das die Reichsbahnüberführung der Brohltalbahn im Jahre 1928 zeigt. Lok 3 zieht einen Güterzug mit aufgebockten Normalspurwagen in Richtung Personenbahnhof. Unten der Streckenabschnitt der Brohltalbahn am Tunnel vor Burgbrohl in einer alten Ansicht. Hier wird deutlich, daß die Bahn vor allem zum Abtransport vieler Bodenschätze gebaut worden war.

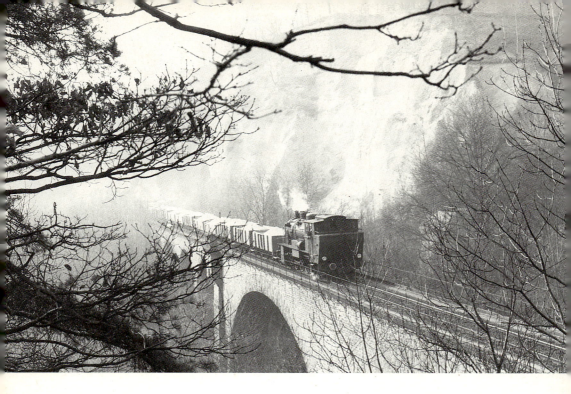

Die Brohltalbahn besitzt einige markante Kunstbauten – wie den Viadukt zwischen Tönisstein und Burgbrohl (oben, mit dampfgeführtem Güterzug) und den Tunnel im Anschluß an dieses eindrucksvolle Brückenbauwerk vor Burgbrohl (unten).

Der Hp Engeln liegt abseits des Ortes. Ab hier ist die Gegend ebenso einsam wie landschaftlich schön. Hinter Engeln verlief die Strecke auf Dämmen, durch Wiesen und am Waldrand entlang, in einem südöstlichen Bogen weit ausholend auf die Straße Wehr – Weibern zu, die beim Brechpunkt in einer S-förmigen Trassenführung erreicht wurde. Jenseits der Straße befand sich hier der Güterbahnhof Weibern, von dem heute nichts mehr zu erkennen ist.

Die Strecke folgt nun der Straße auf der rechten Seite in geringem Abstand bis kurz vor Weibern. Unmittelbar vor dem Ort liegt rechterhand ein Tuffsteinverarbeitungswerk mit einem uralten Drehkran und einem großen Lagerplatz – hier befand sich früher ein Ladegleis, von dem nichts mehr zu erkennen ist.

Die Straße führt nun in einigem Gefälle zum Ort hinunter, während die Bahn oberhalb des Ortes am Hang blieb. Die Durchgangsstraße im Ort heißt heute Bahnhofstraße, zum ehemaligen Bahnhof gelangt man, wenn man rechts in die Straße "Am Ahlenbuch" abbiegt. Das kleine Bahnhofsgebäude steht völlig unmotiviert und unverändert an einer neuen Straße oberhalb des Ortes, die auf dem ehemaligen Bahnkörper angelegt ist, parallel zur Bahnhofstraße verläuft und etwa 300 m hinter dem Bahnhofsgebäude in einen Spazierweg mit schmalen gepflasterten Mittelstreifen mündet, der auf dem ehemaligen Bahnkörper angelegt ist, im Bogen um den Ort herumführt und kurz vor dem Ortsendeschild die Straße erreicht. Die Gleise kreuzten hier die Landstraße und führten auf der anderen Straßenseite Richtung Kempenich weiter. Von der Straße aus ist der ehemalige Bahnkörper, heute Wirtschafts- und Wanderweg, gut zu verfolgen, er verläuft auf Dämmen und am Waldhang entlang in mehr oder weniger großem Abstand zur Straße bis kurz vor Kempenich.

Der Endbahnhof lag im Ort, die Einfahrt zwischen zwei Häusern hindurch ist deutlich zu erkennen. Das Bahnhofsgebäude ist unverändert, im EG befindet sich ein Dienstraum für die KOM-Fahrer, die übrigen Räume sind als Wohnungen vermietet.

Das Bahnhofsgelände ist im vorderen Teil noch vorhanden und wird als Busabstell- und Wendeplatz genutzt, der hintere Teil ist von einer Baufirma gekauft worden, völlig überbaut und nicht mehr als solches zu erkennen.

Situation 1991 (Schienenbetrieb)

Es wird nur noch Phonolith zum Rheinhafen transportiert. 1988 wurde auch der Kleidersammelzug, der alljährlich im März verkehrte, eingestellt. Mehrere G-Wagen wurden auf den Bahnhöfen Burgbrohl, Oberzissen und Engeln leer abgestellt, und am Tag nach der Kleidersammelaktion wieder abgeholt. So wurde bis 1988 immerhin noch ein Zug auf der Strecke gefahren, der nur aus handgebremsten Waggons zusammengestellt war.

Für die Gesteinsmehltransporte ist eine Wagengarnitur im Einsatz, die aus einem geschlossenen Verband Selbstentladewagen der Reihe OOt 501 - 512 besteht. Diese Wagen wurden im Herbst 1988 komplett mit Klappdeckeldächern versehen. Somit konnte eine weitgehend trockene Verfrachtung des sehr nässe-empfindlichen Materials gewährleistet werden.

Der Güterzug verkehrt 3 bis 4 mal in der Woche, wobei es vorkommen kann, daß an zwei Betriebstagen zwei Zugpaare zwischen Brohl und Brenk pendeln. Der erste Zug verkehrt ab Brohl 6.00 Uhr und der zweite Güterzug verläßt im Bedarfsfall Brohl um 11.00 Uhr. Beide Fahrten finden im Sommer eine Stunde früher statt. Da die Güterzugfahrten nach einem Bedarfsfahrplan durchgeführt werden, ist es interessierten Photofreunden zu empfehlen, sich bei der Verwaltung der BEG nach dem tatsächlichen Verkehren der Züge zu erkunden.

Die Wagen werden in Brenk direkt befüllt, wobei die Beladungsdauer einschließlich des Umsetzens auf ein anderes Silogleis für das Laden verschiedener Körnungen eine knappe Stunde dauert.

In Brohl Pbf setzt die Lok um.

Am Rheinhafen werden die Wagen direkt entladen, was auch kaum mehr als eine halbe Stunde dauert.

Für den Betrieb reichen drei Lokomotiven aus, wobei eine in Reserve oder zur Untersuchung ansteht. Die große vierachsige Mak-V-Lok D4 ist verkauft und wurde am 21.12.1987 zum Zwischenhändler Newag nach Duisburg abtransportiert. Von dort aus gelangte sie in alpenländische Regionen. Sie steht heute als Gm 4/4 241 bei der Rhätischen Bahn im Einsatz. Die Rh.B. möchte sich ihrerseits wieder von der Maschine trennen, da die Lok technisch nicht zufriedenstellend ist.

Im Umladebahnhof stehen die ausgemusterten G 112, GG 405, 410 und 411, die Rollwagen 41 und 42 sowie die Flachwagen SS 401 und 402. Außerdem steht hier der einzige nicht mit Klappdeckeln versehen OOt 512, der als Schotterwagen dient.

Die hier abgestellten G- und GG-Wagen machen einen sehr heruntergekommenen Eindruck. Beim Personenbahnhof finden wir die ebenfalls ausgemusterten G 108, 111, 124, GG 407, 408, Omm 451, 452, 471 und 472. Betriebsbereit sind hier noch abgestellt der zum Packwagen umgebaute G 117, G 118 sowie der offene Personenwagen (ex Omm) 458. In der Nähe des Betriebswerkes steht ebenfalls der ausgemusterte G-109, der ehemalige Kuppelwagen 46-17 sowie der Spritzwagen 269. Im Hafen steht seit 1988 der auf seine Umspurung wartende SS 404, der von dem 900 mm Werkbahnnetz der Rheinischen Braunkohlewerke erworben wurde. Omm 453 wurde im Sommer 1988 mit der Bayerischen Zugspitzbahn gegen deren ehemaligen Personenwaggon 7 eingetauscht.

Unterwegs sind keine abgestellten Wagen mehr anzutreffen.

Der Vulkan-Express fährt von Karfreitag bis Ende Oktober nach festem Plan. Dafür steht heute eine ganze Reihe von Personenwaggon zur Verfügung: Der von der Zugspitzbahn getauschte Wagen 7, der ehemalige VB 50, der offene Wagen 458 sowie die von der DGEG angemieteten Wagen 131 (ex OEG) und 53 (ex VBW). Die letzt genannten Fahrzeuge stehen alle unter der direkten Obhut der BEG, während die nun folgenden Fahrzeuge von der IBS zum Personenverkehr beigesteuert wurden: Wagen 23, 25 und 26 (alle ex Frauenfeld - Wil). Der IBS gelang es außerdem, 1989 Lok 11 Sm, die einzige noch existierende Brohltalbahn-Dampflok aus dem inzwischen aufgelösten Schmalspureisenbahn-Museum Viernheim nach Brohl zurückzu-holen. Die Lok steht nicht betriebsfähig in der alten Wagenwerkstätte abgestellt und kann auf Wunsch besichtigt werden.

Aus dem ehemaligen Museum in Viernheim stammt auch eine kleine viersitzige Beilhack-Draisine, die nach ihrer Aufarbeitung noch in diesem Jahr zugelassen werden kann.

Ein zwei-achsiger, zum VT 53 passender Beiwagen wurde im Mai 1991 von der Härtsfeld-Museums-bahn (HMB) mit Hilfe einer Bundesbahn-Schwerlastgruppe und eines Culemeyer-Straßen-rollers nach Brohl überführt.

Weitere bedeutende Anschaffungen waren der Kauf des WEG Triebwagens 30, der seit dem 30.September 1989 als BEG VT 53 eingesetzt wird, sowie der Ankauf zweier polnischer Dampflo-komotiven vom Typ Px 48, von denen eine bereits am 14.10.1990 als Lok V in Dienst gestellt wurde. Die zweite Maschine soll 1991 zum 3. Bahnfest der Brohltalbahn als Lok VI feierlich in Betrieb genommen werden.

Die sehr erfreuliche Entwicklung des Personenverkehrs, die sicher über das Jubiläumsjahr weiter anhält, wird leider durch die drohende und dieses Mal wohl endgültige Einstellung des Güterverkehrs zum Jahresende 1991 getrübt.

Die seit Anfang der 1970er Jahre existierenden Pläne zum Bau einer Werkstraße zwischen Brenk und dem Autobahnzubringer bei Weibern, sind wieder aktuell und es existieren bereits konkrete Vorstellungen seitens der zuständigen Verbandsgemeinde Niederzissen sowie der Firma Solvay-Alkali- Chemie, wie die Trassierung dieser Straße verlaufen wird. Sollte das Vorhaben in die Tat umgesetzt werden, würde dies das Aus für Deutschlands letzte Schmalspurbahn mit öffentlichen Gütertransporten bedeuten.

Die Zukunft des Ausflugs- und Museumsverkehrs mit dem "Vulkan-Express" scheint jedoch auch ohne Güterverkehr gesichert. Nach Verhandlungen mit den zuständigen politischen Gremien sowie der Geschäftsführung der BEG wird die Interessengemeinschaft ab Sommer 1991 erstmals die Wochenendfahrten in eigener Regie durchführen. Wenn der sich dieser Probebetrieb bewährt, wäre auch eine Gesamtübernahme des Schienenverkehrs durch die IBS vorstellbar. Das Jubiläumsjahr 1991 bringt also nicht allein den 90.Geburtstag der Bahn, sondern auch viele für das Unternehmen BEG tiefgreifende Entscheidungen, die hoffentlich dazu führen werden, daß der Fortbestand diese einmaligen Verkehrsweges, der durch eine von der Bahn entscheident mitgeprägten Kultur- und Naturlandschaft verläuft, gewährleistet wird.

Fahrzeuge

Die ersten Lokomotiven der BTB waren kombinierte Zahnrad-/Adhäsionslokomotiven und zwar 2 größere und 2 kleinere Maschinen. Die kleinen Winterthur-Lokomotiven hatten zwei Reibungstreibachsen, zwischen denen das Triebzahnrad gelagert war, das über die gemeinsame Kuppelachse mit den Triebachsen verbunden war. Auf der vorderen Treibachse saß ein Bremszahnrad. Warum diese kleinen Lokomotiven beschafft worden sind, ist nicht unbedingt einsehbar, vielleicht waren sie für leichte Personenzüge vorgesehen – gleiche Lokomotiven wurden an die Berner Oberlandbahn-Bahn geliefert. Die großen Lokomotiven besaßen 4 Hochdruckzylinder, von denen die beiden äußeren auf die Triebachsen und die inneren auf die Treibzahnräder arbeiteten. Als Bremse diente eine Handbremse, eine Saugluftbremse, eine Bandbremse für die Zahnräder und bei den Eßlinger Maschinen eine Gegendruckbremse. 1913 folgte eine dritte gleiche Esslinger-Lok.

Für den reinen Adhäsionsbetrieb standen insgesamt 3 gleiche Mallet-Lokomotiven zur Verfügung (Sm = schwere Mallet).

Als Gelegenheitskauf kamen 1923 zwei Schlepptenderlokomotiven zur BTB, die 1914 von Krauss-Maffei an EEP Berlin geliefert worden waren. Ursprünglich waren beide Maschinen für die Königlich-Siamesische-Staatsbahn bestimmt, wurden aber wegen des ausbrechenden Ersten Weltkriegs nicht mehr abgeliefert. Bei der Brohltalbahn wurden sie vor Personen- und Güterzügen gleichermaßen eingesetzt. Eine dieser Maschinen kam 1937 an die Kerkerbachbahn und wurde dort für den Materialtransport zum Bau des Autobahnviaduktes über das Lahntal bei Limburg eingesetzt. Als Ersatz konnte von der Staatl. Waldbahn Ruhpolding eine vierachsige Tenderlokomotive übernommen werden.

Die Tenderlokomotive I war eine große 55 t schwere fünfachsige Lok, die nach einem besonderen Entwurf der Lokomotivfabrik Krauss gebaut worden und in der Lage war, die Steilstrecke im reinen Adhäsionsbetrieb zu befahren. Um eine hinreichende Bremssicherheit bei der Talfahrt zu gewährleisten, war neben der Hand-, Saugluft- und Gegendruckbremse ein Bremszahnrad eingebaut. Wegen der starken Krümmungen mußten für den Bogenlauf besondere Maßnahmen ergriffen werden – die beiden vorderen Radsätze lagen in einem Beugniot-Deichselgestell, die mittlere Treibachse hatte keine Spurkränze, der 4. Radsatz war seitenverschieblich und nur der hintere Radsatz war fest im Rahmen gelagert. Die Maschine bewährte sich, und nachdem die 1934 von der Albtalbahn erworbene schwere sechsachsige Mallet-Lokomotive ebenfalls die Steilstrecke im reinen Reibungsbetrieb befahren konnte, entschloß sich die BTB zur Aufgabe des Zahnstangenbetriebes.

1957 bot sich die Gelegenheit, von der Nassauischen Kleinbahn eine schwere fünfachsige Heißdampflokomotive zu übernehmen. Bei dieser Maschine handelte es sich um eine bemerkenswerte Konstruktion. Das Leistungsprogramm forderte auf einer Steigungsstrecke von 36‰ eine Anhängelast von 250 t mit einer Geschwindigkeit von 15 - 45 km/h, wobei Kurven bis 60 m Radius zu befahren waren. Diese Forderungen stellten besonders an das Laufwerk hohe Anforderungen. Die Lokomotive hatte 2 Beugniot-Gestelle, bei denen die Achsen seitenverschieblich und durch deichselartige Hebel miteinander verbunden waren, die in einem festen Drehpunkt am Rahmen angelenkt waren. Die mittlere Achse war fest im Rahmen gelagert und hatte geschwächte Spurkränze. Die äußeren Radsätze hatten Spurkranzschmierung. Die Maschine hatte einen leistungsfähigen Kessel mit einem Durchmesser von 1300 mm und einer Länge zwischen den Rohrwänden von 4000 mm, in dem 70 Heizrohre und 26 Rauchrohre mit innenliegenden Überhitzerelementen eingebaut waren. Diese große Lokomotive war für die damals schon in Agonie liegende Nassauische Kleinbahn viel zu schwer und dort kaum im Einsatz, für die BTB war sie eine bestens geeignete Lokomotive und tat hier noch 10 Jahre Dienst.

Nach dem Krieg standen jahrelang zwei große Heeresbahn-Schlepptenderloks in Brohl; die Maschinen sind bei der BTB nicht zum Einsatz gekommen und Anfang der 50er Jahre verkauft worden.

Der große Güterwagenpark, insbesondere die große Anzahl offener Wagen und Spezialwagen spiegelt die Bedeutung des Güterverkehrs wieder. 1928 sind 149 Güterwagen und 25 Spezialwagen, 1935 und 1938 150 Güterwagen, 6 Spezialwagen und 15 Rollwagen ausgewiesen, darunter kleine offene Selbstentladewagen mit Seitenwandklappen und Sattelböden und Selbstentlader der Fa. Rauen, die als Privatwagen bei der BTB eingestellt waren. Völlig aus dem Rahmen fallen die Wagen einer Serie von insgesamt 20 vierachsigen Güterwagen, die aus einer nicht abgelieferten Exportbestellung stammen und als GG-, SS- und OO-Wagen im Einsatz waren und z.T. noch sind.

Zahnraddampflok 5 um 1930 in Brohl (oben) – Lok 3, ursprünglich für Siam bestimmt, 1935 in Brohl (unten).

Etwa 40 Jahre liegen zwischen diesen Aufnahmen. Lok G 3 im Photographieranstrich auf dem Firmengelände bei Krauss in München und unten ist sie kurz vor ihrer Ausmusterung im Jahre 1957 zu sehen.

1951 kamen für die Brikett-, Lava- und Phonolith- transporte 7 zweiachsige offene Wagen von der Härtsfeldbahn nach Brohl. Die Euskichener Kreisbahn verkaufte 1966 4 vierachsige Omm Wagen an die BTB und von der Engelskirchen-Marienheider Eisenbahn waren bereits 1950/51 vierzehn dreiachsige Selbstentlader mit einseitigen Auslaufschütten an die BEG veräußert worden. Im Dezember 1963 gelangten 8 vierachsige offene Wagen und sieben Jahre später 18 vierachsige große Selbstentlader von der Bayer-Werkbahn nach Brohl. Von den 18 großen OOt wurden 12 Stück übernommen, mit Vakuum-Bremsen und Entladerüttlern ausgerüstet. Nach und nach wurden die in eigener Werkstätte umgebauten Fahrzeuge dem Betrieb zugeführt, bis 1972 alle Wagen im Dienst standen

Als Neubauten kamen 1960/61 12 vierachsige Selbstentladewagen mit stählernen Wagenkästen und Seitenwandklappen zur BTB.

Die Vierachser blieben in drei Garnituren zusammen und beförderten Lava und Phonolith.

Heute ist nur noch eine Selbstentladewagengarnitur im Einsatz und pendelt zwischen Brenk und dem Rheinhafen, die übrigen Wagen stehen abgestellt in Brohl Personen- und Güterbahnhof.

Die Güterwagen haben Hand- und Luftsaugbremse. Die Wagen, die auf der Steilstrecke verkehren können, werden ab Juli 1959 mit der Kennzeichnung "Für Steilstrecke" versehen. Für jeden einzelnen Wagen liegen die Bremswerte fest und sind in Listen zusammengestellt.

Als noch die klassischen Graugußklötze verwendet wurden, mußten die Bremssohlen nach jeder Fahrt nachgestellt und nach 3 - 4 Fahrten ausgewechselt werden. Heute werden Spezialklötze verwendet, die eine sehr viel längere Standzeit haben und bis zu 10 Talfahrten ermöglichen.

Tabellarische Auflistung der Fahrzeuge

Zahnradlokomotiven, ausgemustert bis 1934

C1/bn4t	1^z, 2^z	Eßlingen	1900/3025, 26	+ 1928/1931
C1/bn4t	5^z	Eßlingen	1913/3682	+ 1934
B/an2t	3^z, 4^z	Winterthur	1898/1217, 18	+ vor 1922

Das "Verzeichnis über die Betriebsmittel der Brohltalbahn", geführt von 1900 bis 1920, sagt über die kleine zweiachsige Lokomotive 4^z aus, daß sie im Januar 1909 an die "St. Abteilung (Brenk)" übergeben" wurde. Das könnte bedeuten, daß die kleine 4^z als eine Art Werklok im Gleisanschluß der Steinbruchabteilung der WEG in Brenk die zu beladenen Wagen rangiert hat. 3^z und 4^z erhalten letztmalig 1918 bzw. 1919 in der Brohler Werkstätte ihre Hauptuntersuchung.

Adhäsionslokomotiven

BBn4vt	10^{sm}	Humboldt 1904/236	1904 ex Bergheimer Krb., +1934
BBn4vt	11^{sm}	Humboldt 1906/348	29.01.1966 letzte Dampflokfahrt auf der BTB, abg. bis 1968, + 1968, verkauft an DGEG, seit 1989 wieder in Brohl!
BBn4vt	12^{sm}	Humboldt 1919/1474	1.10.1964 abg., + und verschrottet im Nov.1964
Eh2t	I	Krauss 1930/8488	urspr. mit Bremszahnrad, ab Juli 1959 mit Ölfeurung. + 15. Juli 1965
CCh4vt	II	Hanomag 1928/10570	ex Albtalbahn, im Juni 1957 abgestellt und +
Eh2t	III	Jung 1951/11502	1957 ex Nassauische Klb., abg. 1.1.1966, + Sept. 1966
Dn2t	IV	Krauss 1927/8399	1937 ex staatl. Waldbahn Ruhpolding, + Nov. 1965
Dh2	V	Chrzanow 1955/3236	1990 ex PKP Px 48 3906
Dh2	VI	Chrzanow 1955/3247	1990 ex PKP Px 48 3913
1Cn2	G3,G4	Krauss 1914/6978,79	1923 gekauft aus einer Bestellung für Siam; 1916-1923 HFB; G3 März 1957 verschrottet; G4 wurde 1937 an Kerkerbachbahn verkauft; Tender der G3 noch lange als Spritzwagen im Einsatz!

Lok III war erst 1951 von der Lokfabrik Jung gebaut worden (oben); Lok IV kam 1937 gebraucht von der staatlichen Waldbahn Ruhpolding ins Brohltal; sie war 1927 von der Lokfabrik Krauss unter der Fabriknummer 8399 geliefert worden.

Die seit 1989 wieder in Brohl „stationierte" 11sm und ihre leider 1964 verschrottete Humboldt-Schwester vor einem Lavazug (unten).

Lok I (1930) von Krauss in München war ein Meilenstein in der Entwicklungsgeschichte der deutschen Lokomotive. Sie konnte schwerste Lasten in großer Steigung und engen Kurvenradien ziehen. Lok II mit 00t-Wagen der Firma Rauen im Umladebahnhof Brohl. Die untere Aufnahme entstand Mitte der dreißiger Jahre.

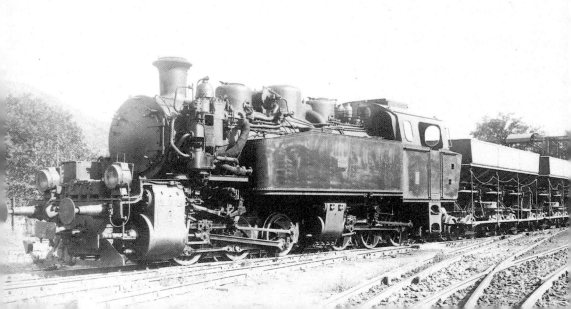

Technische Daten der Dampflokomotiven

Betriebs-Nr.	Z1,Z2,Z5	Z3,Z4	Sm10, 11, 12	I	II	III	IV	G3,G4
Rostfläche m²	1,4	0,48	1,5	2,35	1,85	1,83	1,5	1,2
Verdampfungsheizfläche m²	69,4	25,5	80	156,4	125,7	77,27	80,22	77,5
Überhitzerfläche m²	-	-	-	45,8		34,3		
Rohrlänge mm	2600	1920	4440	4000	4300	4000		4400
Kesseldruck kg/cm	12	12	14	14	14	16	12	12
	R Z							
Zylinder mm	380/320	285	330/500	500	400/620	500	420	380
Kolbenhub mm	500/450	420	500	550	450	450	460	540
Treibrad-ø mm	900/688	R772/Z764	1000	1000	900	1000	1000	1100
Achsstand (gesamt) mm	4900	1960	5600	5000	7000	4800	3200	11 850
Länge über Puffer mm	9280	5350	9981	10 960	11 400	11 380	8350	13 430
Reibungsgewicht t	29,1	15,825	48	55	56,5	50	35,2	25,1
Dienstgewicht t	36	15,825	48	55	56,5	50	35,2	30
Vorräte Wasser m³	4,0	1,91	5,0	5,5	5,5	6,0	4,4	8,3
Kohle t	0,7	0,6	1,2	2,0	1,2	2,0	1,2	3
größte Geschwindigkeit km/h	30	30	30	35	35	45	40	40

Diesellokomotiven

C-Diesel D1, D2	O & K	1965/26528, 29	300 PS, eingerichtet für Vielfachsteuerung im Dienst seit November 1965
C-Diesel D3	O & K	1966/26623	300 PS, eingerichtet für Vielfachsteuerung im Dienst seit September 1967
BB-Diesel D4	MaK	1958/401029	2 x 200 PS, 1971 ex Krb. Leer-Aurich-Wittmund, urspr. Alsensche Zementwerke; 1986 verkauft an NEWAG Duisburg, heute RhB-Gm 4/4 241

D1-D3:   LüP 6640 mm, Radstand 1900 mm, Gewicht 32 t

Triebwagen

VT 50	DWK 1926/86	Benzoltriebwagen, 150 PS Vergasermotor, 1932 Umbau auf Holzgasbetrieb, 1939 Ausbau des Motors, seither VB 50
VT 51, 52	DWK 1926/122/151	1935 ex Köln-Bonner-Eisenbahn VT 305, 310 (od. 311?), 2 x 75 PS bzw. 2 x 120 PS Benzolmotoren, 52 = 1936, 51 = 1940 Umbau auf 220 PS Dieselmotoren, 51, 52 + 1961, 51 ist 1964 noch vorhanden
VT 53	Fuchs 1956/9053	1989 ex WEG T 30 Amstetten - Laichingen; urspr. Härtsfeldbahn (1956 - 1976)

Techn. Daten	VT 50	VT 51	VT 52
Sitzplätze II Kl.	16	16	16
Sitzplätze III Kl.	55	44	41
LüP (mm)	18 000	17 510	17 510
Drehzapfenabstand (mm)	12 500	11 300	11 300
Achsstand im Drehgestell (mm)	1 550	1 600	1 600
Dienstgewicht leer (t)	23	30	30
Dienstgewicht besetzt (t)	30,6	36,5	36,5
größte Geschwindigkeit (km/h)	35	35	35

Diesellok D 4 war bis heute die letzte Triebfahrzeugbeschaffung der BEG; sie wurde aber kaum gebraucht und 1987 verkauft (oben). Sehr bewährt haben sich die drei Dieselloks D 1 - D 3, die heute noch in Betrieb stehen (oben, D 1 und D 2 in Brohl).

Personenwagen

Ursprünglich gab es die Wagen BC4 Nr.1-4, Nr.7, und C4 Nr.5,6 und 6¥ sowie den BC4 Nr.8. Zuletzt hießen die Wagen BC 1 und 7, C 2-6 und 8, wobei der Waggon C4 Nr. 6 nach dem Unfall 1907 ausgemustert wurde. Bestand 1928: 6 Wagen. Bis 1936 waren alle Personenwaggons ausgemustert.

VB 53, 54 im Jahre 1935 ex Köln-Bonner-Eisenbahn CVS (53) und BCVB (54). 53 + August 1960, 54 + Januar 1962.

1988 kann Wagen 131 (C4 ex OEG, ex DGEG-Museum Viernheim) angemietet werden. Im selben Jahr kommen vom Öchsle in Ochsenhausen zwei B4 23 und 26 (ex. Frauenfeld-Wil Bahn in der Schweiz). Eigentümerin ist die IBS. Außerdem tauscht die BEG ihren Omm 453 im Sommer des Jahres 1988 gegen den B4 7 der Bayerischen Zugspitzbahn in Garmisch-Partenkirchen.

1989 kann die BEG wieder einen Wagen aus Viernheim anmieten: Ci2 53 ex Vereinigte Bern-Worb-Bahnen. Die IBS ergänzt im selben Jahr ihre FW-Wagensammlung und erwirbt von der Öchsle-Schmalspurbahn in Ochsenhausen noch einen dritten B4 mit der Nummer 25. Dieser Wagen wird im Sommer 1991 in Dienst gestellt. Ein weiterer zweiachsiger VB ist erst jüngst durch die IBS erstanden worden.

Packwagen

Pw 71 und 72	v. d. Zypen & Charlier 1900	72 + 1960, 71 + 1976.
Pw 73	Herbrand 1913	ex Bergheimer Kreisbahnen, 73 + 1976.
Pw 117	LHW 1918,	ex G-Wagen 117, Umbau zum Pw 1988

Güterwagen

G 101-106	Görlitz 1897 u.a.	
G 107-113	Herbrand 1901/08	
G 114	Steinfurt 1918	
G 115-119	LHW 1918	
G 120-127	v.d.Zypen 1914	
GG 401-411	Herbrand 1908	
SS 401-403	Umbau bis spätestens 1930 aus GG 401-403	
Ost 201-224	v. d. Zypen & Chr.,1899,	Steintransport,+ 1956/60
O 225-234	Herbrand 1900	zuletzt Ow-Wagen
O 235-252	Düsseldorf 1899	zuletzt Ow-Wagen
O 253-272	Herbrand 1902	
H 273+274	Both & Tillmann 1899	ex Mödrath-Liblar-Brühl
O 275-288	Düsseldorf 1899	wie vor, ca. 1904 gek.
O 289-291	Herbrand 1899	wie vor
O 292-297	Düsseldorf 1899	wie vor
O 298	Herbrand 1899	wie vor
O 299+300	Düsseldorf 1899	wie vor
O 301-306	Rastatt 1904	
Omse 321-330	Talbot 1906	erste Selbstentlader, 1907 umgezeichnet in Omse 307 bis 316. 308 und 315 nach Unfall bei Oberzissen am 31.10.1907 +, Rest verkauft.
Oem 317-323	Herbrand 1908	
O 324-331	Beuchelt 1896	ex Bergheimer Krb. 1913
H 332+333	Beuch./Both & T.	1896 ex Bergheimer Krb. 1913
O 334-340	Rastatt 1906	ex Härtsfeldbahn 1951
O 550-553	Rastatt 1910	ab 1935 Privatwagen Fa. Rauen
O 554-557	Rastatt 1925	ab 1935 wie vor, ab 1954 BEG

Zwei Exemplare aus dem ehemals umfangreichen G-Wagenpark der BEG: oben Selbstentlader 516, unten GG 411.

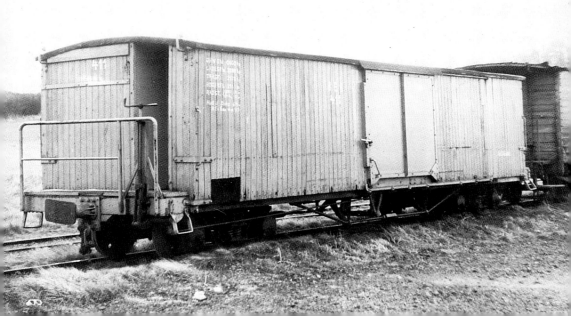

OO 412-420

OO 421+422	v. d. Zypen & Ch. 1927	ex Euskirchener Krb. 1966
Omm 451-458	Brüninghaus 1958	ex Bayer-Bahn, i. D. ab 1964
Omm 471+472	Steinfurt	ex Euskirchener Krb. 1966
OO 501-506	Bj. ca. 1928	Privatwagen Fa.Rauen, 1943 in den Osten abtransportiert.
Ot 507-520	Herbrand 1907/11	ex Engelskirchen-Marienheide 1950/51.
OOt 521-532	Schwefer 1960/61	Neubau für Lavalith
OOt 501"-512"		1970 von Bayer-Bahn, bis heute im Dienst

Rollböcke und Rollwagen

Rb 1-16	Esslingen 1900	Verbleib ?
17-24	Esslingen	ex Filderbahn 1904
Rw 25-46		41 und 42 noch bei BEG
Zwischenwagen K1-K3		

Der größte Teil des Güterwagenparks ist verschrottet bzw. verkauft worden; für die Phonolithzüge werden die Wagen OOt 501^{II}-512^{II} verwendet.

Um den Personenverkehr weiter zu rationalisieren beschaffte die BEG 1935 zwei gebrauchte Triebwagen bei den Köln-Bonner Eisenbahnen, die bis 1961 im Einsatz standen. Das Bild oben zeigt den VT 51 in den fünfziger Jahren.

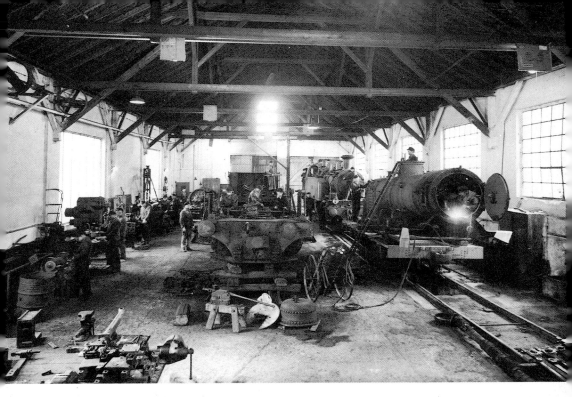

Die folgenden beiden Bilder sind dem Werkstättenpersonal gewidmet. Unermüdlich hat es dazu beigetragen, daß die Bevölkerung des Brohltales über 90 Jahre ein modernes und funktionsfähiges Verkehrsmittel besaß!

Der Vulkan-Expreß in der herrlichen Eifellandschaft bei Oberzissen auf dem Weg nach Brenk – Engeln, August 1987 (oben). Premiere am 1. Mai 1988: Nach vielen Jahren gab es erstmals wieder einen Zweizugbetrieb (Bild unten, Bahnhof Brohl).

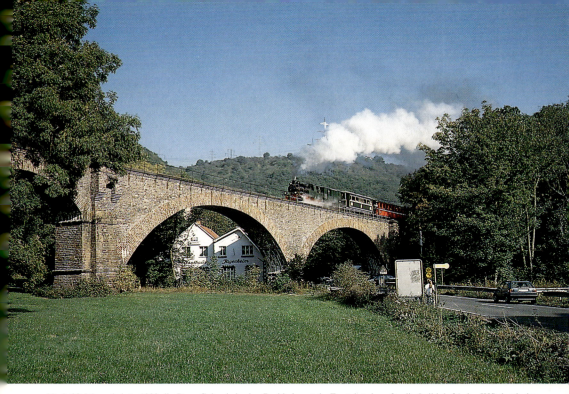

Nach 22 Jahren kehrte 1988 die Dampflok wieder ins Brohltal zurück: Zunächst dampfte die Leihlok 21 der IHS durch das Brohltal (Bild oben, Viadukt kurz vor Burgbrohl), 1990 konnte dann die eigene, in Polen erworbene Lok V feierlich in Betrieb genommen werden. Die Aufnahme unten zeigt das Dampfroß bei ihrer ersten Fahrt im Brohltal in Bad Tönisstein.

Die Aktivitäten der IBS seit 1987

Die Situation im Schienengüterverkehr wurde in der zweiten Jahreshälfte 1987 zunehmend kritischer, da aufgrund einer Ausnahmegenehmigung und trotz schlechter Straßenverhältnisse immer mehr Phonolith per LKW aus Brenk abgefahren wurde. Damit war der gesamte Schienenbetrieb, also auch der Vulkan-Expreß, in Frage gestellt. Vor diesem Hintergrund wurde am 2.9.1987 im Bhf Burgbrohl von rund 100 Eisenbahninteressierten die Interessengemeinschaft Brohlttal-Schmalspureisenbahn (IBS) mit dem Ziel gegründet, die BEG im Erhalt des Schienenverkehrs umfassend zu unterstützen.

Nachdem im Winter 1987/88 zeitweise über Monate hinweg keine Gütertonne auf die Schiene kam, wurden per 31.3.1988 sieben der zehn Eisenbahnbediensteten in den vorzeitigen Ruhestand versetzt oder entlassen. Im Frühjahr 1988 ließ sich dann aber absehen, daß verkehrsrechtliche Gründe dem weiteren LKW-Transport des Phonolith entgegenstanden. Auch die Kali Chemie war nach Klärung von Transport- und Tariffragen zur weitern Schienenverfrachtung bereit. Der Vertrag darüber wurde Mitte 1988 um drei Jahre verlängert.

Unterdessen war die IBS, mittlerweile rund 180 Mitglieder stark, nicht untätig. Bereits die Nikolaus- und Silvesterfahrten 1987 liefen unter ihrer Regie. Ab Januar 1988 wurde dann die IBS-Rotte aktiv und im Bw Brohl sind seither pausenlos IBS-Kräfte mit Wartungs- und Aufarbeitungsarbeiten beschäftigt. Dabei konnte im Frühsommer 1988 der G 117 generalüberholt und hauptuntersucht werden und läuft seitdem, nunmehr dunkelgrün gestrichen, als Fahrradtransportwagen im Vulkan-Expreß mit. Auch der von der DGEG gemietete Wagen OEG 131 wurde in der Werkstatt BEG-tauglich hergerichtet und verstärkt nun den Zugverband. Durch eine Spendenaktion des Eisenbahn-Kurier-Verlages konnten drei Personenwagen (ex Frauenfeld-Wil-Bahn) von der Öchsle-Betriebsgesellschaft übernommen werden, auch ihre Aufarbeitung obliegt Vereinskräften in Brohl. Die Vermarktung und Zugbegleitung des Vulkan-Expreß erfolgt jetzt ebenfalls weitgehend durch die IBS. Mit erheblich ausgeweiteter Fahrtätigkeit, verstärkter Werbung und vielen Sonderaktionen (z.B. Karnevalsprinzen- und Weinköniginnenfahrten, Hochzeitsfahrten am 8.8.88, Wiedereröffnung des renovierten Hp Bad Tönisstein) wurden die Fahrgastzahlen bislang erheblich gesteigert. Höhepunkt der Saison 1988 ist das Dampflokfest im Oktober, dabei verkehrt erstmals seit über 20 Jahren wieder eine (geliehene) Dampflok im Brohltal.

Seitdem hat sich aber noch vieles mehr getan. Besonders stolz sind die IBS Eisenbahner auf die Tatsache, daß gemeinsam mit der BEG nach nur drei Jahren guter und fruchtbarer Zusammenarbeit zwei Dampflokomotiven beschafft wurden, von denen eine bereits im Plandienst steht. Die IBS – Mitglieder haben großartiges geleistet. Unentgeldlich arbeiten sie an 52 Wochenenden im Jahr – jeder Einzelne bis zu 600 Stunden im Jahr. Dabei werden viele Arbeiten erledigt, die von den Fahrgästen nur schwierig erkannt werden können. So zum Beispiel der technische Wartungsdienst der Werkstattmitarbeiter, die unzähligen Ausbildungsstunden der Fahrdienstmitglieder die zum Teil bei der Deutschen Bundesbahn abgeleistet wurden, oder aber die vielen hundert Stunden, die von den Rottenarbeitern bei Wind und Wetter draußen auf der Strecke verrichtet werden. Bei allen diesen Arbeiten ist den Frauen und Männern der IBS aber immer wieder ein Ziel vor Augen: die Erhaltung einer der schönsten deutschen Eisenbahnstrecken. Aber es gibt noch viel zu tun! In Engeln ist der Bau eines Bahnhofsgebäudes geplant um den Ansprüchen der Reisenden in Zukunft besser gerecht zu werden. Lok 11sm soll noch in den nächsten Jahren wieder betriebsfähig aufgearbeitet werden und viels mehr. Damit diese Vorhaben aber nicht nur Träume und Illusionen bleiben, ist die IBS ganz besonders auf jede helfende Hand, jede noch so kleine Spende (vor allem in Hinblick auf die Erneuerung der Mallett-Dampflokomotive 11sm) angewiesen!

Interessiert Sie vielleicht Sache der IBS ? Möchten Sie vielleicht Mitglied werden und – was besonders wichtig ist – sogar aktiver Eisenbahner? Dann versäumen sie nicht, an folgende Addresse zu schreiben:

Interessengemeinschaft Brohltalspmalspureisenbahn e.V.
Postfach 1231 • 5485 Sinzig/Rhein
Spendenkonto: Kreissparkasse Ahrweiler • BLZ 577 513 10 • Kto.Nr.: 518 548

VULKAN-EXPRESS - Fahrplan 1991

Verkehrstage: Dienstags, donnerstags, samstags, sonn- und feiertags vom 29. März bis 27. Oktober 1991

1	🚂21	3	🚂23	13	🚂25	5	7	KM	Zug	2	🚂22	12	🚂24	🚂26	4	6	8
8:38	9:02	12:43			14:40	9:02	13:35	▼	Bonn Hbf 600 ○	✗14:03	✗14:03			16:12	18:12	Ⓟ19:03	Ⓛ19:10 · 18:12
9:05	9:50	13:13			15:09	9:50	14:04	○	Brohl ▲	✗13:06	✗13:06			15:42	17:44	Ⓟ18:36	Ⓛ18:42 · 17:44
8:26	9:18	✗13:19	✗13:19		14:25	9:18	13:19	↓	Koblenz Hbf ○	13:36	13:36			15:31		18:29	13:36 · 18:14
8:45	9:36	✗13:42	✗13:42		14:50	9:36	13:42	○	Brohl ▲	13:13	13:13			15:09		18:06	13:13 · 17:51
1 🍷🚲	**🚂21** 🍷	**3** 🍷🚲	**🚂23** 🚲	**13** 🍷🚲	**🚂25** 🚲	**5** 🚲	**7** 🚲	KM	Zug	**2** 🍷🚲	**🚂22** 🚲	**12**	**🚂24** 🚲	**🚂26** 🚲	**4** 🚲	**6**	**8** 🚲
©9:15	©10:15	©13:45	©13:45		©15:30	©10:05	©14:15	0,0	Brohl (Brohltalbahn)	©12:40	©12:45		©14:55	©17:40	©18:15	©13:05	©17:22
9:31	10:31	14:01	14:01		15:46	10:22	14:32	4,2	Bad Tönisstein	12:20	12:29		14:35	17:20	17:53	12:49	17:05
9:40	10:40	14:10	©14:10		©15:55	10:31	14:40	5,5	Burgbrohl	12:15	12:25		©14:30	©17:15	17:48	12:45	17:01
9:42	10:42	14:12		©14:20		10:35	14:42	5,5	Burgbrohl	12:14	12:24				17:44	12:44	17:00
10:00	11:00	14:31		14:40		10:53	15:00	10,2	Niederzissen	11:57	12:07				17:26	12:27	16:42
10:09	©11:10	14:39		14:48		11:00	15:08	12,0	Oberzissen	11:50	©12:00				17:18	12:20	16:35
10:10		14:40		14:50		11:01	15:10	12,0	Oberzissen	11:49		©11:49			17:15	12:19	16:34
©10:45		©15:15		©15:25		©11:35	©15:45	17,5	Engeln	©11:15		©11:15			©16:50	©11:45	©16:00

✗ = werktags
Ⓐ = werktags außer samstags
© = samstags, sonn- und feiertags
Ⓚ = 29.3. bis 1.4.1991;
feiertags bis 31.5. und ab 1.10.1991 sowie
sonn- und feiertags vom 1.6. bis 30.9.1991
Ⓛ = jeden Samstag, sowie sonntags
vom 2.4. bis 31.5.1991 und ab 1.10.1991 nicht 19.5.1991
Ⓝ = dienstags ab 7.5.1991
Ⓟ = donnerstags ab 2.5.1991
🚂 = Dampfzüge
10 = Weiterfahrt mit dem Bus nach Maria Laach,
Rückfahrt: 16.10 Uhr
11 = Weiterfahrt ab Engeln mit dem Bus nach Weibern
oder Kempenich, Rückfahrt: 16:35 Uhr
12 = Weiterfahrt ab Engeln mit dem Bus nach Maria Laach
Rückfahrt mit dem Bus nach Brohl um 17:00 Uhr
Fahrpreis : DM 5,-
🚲 = kostenlose Gepäck- und Fahrradbeförderung
Fahrradanmeldung erforderlich
🍷 = Getränkeservice im Zug

Weitere Bedarfshaltepunkte:

Schweppenburg-Heilbrunnen km 3,3; Weiler km 7,4;
Brenk km 15,8

Die angegebenen Anschlußzüge der DB ändern sich ab 2. Juni 1991. Bitte beachten Sie die Veröffentlichungen im Kursbuch, Strecke 600 oder wenden Sie sich an die Auskunftstelle der Deutschen Bundesbahn.

Sonderfahrten auf Anfrage

Gruppen ab 10, 41 und 101 Personen werden nach vorheriger Anmeldung gestaffelte Fahrpreisermäßigungen gewährt. Kinder erhalten ebenfalls eine Ermäßigung.

Fahrpreis:

Hin- und Rückfahrt	Brohl - Engeln	15,00 DM
	Brohl - Burgbrohl	6,50 DM
Einfache Fahrt	Brohl - Engeln	11,00 DM
	Brohl - Burgbrohl	4,50 DM
Familienkarte Gesamtstrecke ohne Zuschlag		35,00 DM
Familienkarte Gesamtstrecke mit Dampflokzuschlag		39,00 DM
Dampflokzuschläge	Brohl - Burgbrohl	1,00 DM
je einfache Fahrt	Brohl - Oberzissen	2,00 DM

Anschlußbusse ab Engeln

10:50 Uhr nach Maria Laach	Einfach	2,00 DM
	Hin- u. Rückfahrt	4,00 DM
Familienkarte	Einfach	5,00 DM
	Hin- u. Rückfahrt	10,00 DM

15:25 Uhr nach Weibern oder Kempenich, der Fahrpreis ist im Zugpreis mit eingeschlossen

Sonderfahrten

31.03. + 01.04.91	Ostereiersuchfahrt mit dem Vulkan-Express
15.06. + 16.06.91	Jubiläumsbahnfest im Brohltal
06.07.91	Glühwürmchenfahrt
30.11. - 14.12.91	Nikolausfahrten mit dem Vulkan-Express
15.12.91	Christbaumfahrt
21.12. + 22.12.91	Nikolausfahrten mit dem Vulkan-Express
31.12.91	Silvesterreise ins Brohltal

Anfragen und Bestellungen richten Sie bitte an:

Brohltal-Eisenbahn GmbH
Postfach 68 - 5474 Brohl-Lützing - Tel. (02633) 1234 oder 1041

Eine sinnvolle Ergänzung des Triebfahrzeugparks war die Anschaffung des Triebwagens VT 53, der seit 1989 zahlreiche Fahrten absolviert hat. Aufgrund seiner enormen Motorleistung von 680 PS eignet er sich hervorragend für den Steilstreckenbetrieb zwischen Oberzissen und Engeln, wo das Bild unten entstand. Oben ist das Fahrzeug im Einsatz als Nikolauszug zwischen Brohl und Burgbrohl.